Frag mich!

Wörterbuch für Grundschulkinder mit Bildwortschatz Englisch

Beate Eckert-Kalthoff
Karl-Heinz Klaas

Für Bayern bearbeitet von Beate Eckert-Kalthoff

Ernst Klett Verlag
Stuttgart · Leipzig

Klasse 1/2

Klasse 3/4

Fundus

Klasse 1/2

Das Abc – von Apfel bis Zebra

A a

B b

C c

D d

E e

F f

G g

H h

I i

J j

K k

L l

M m

N n

O o

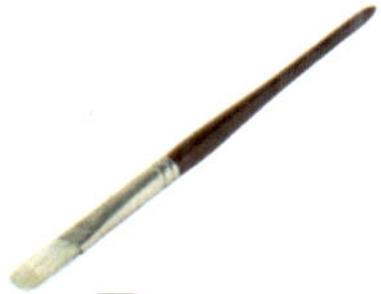

P p

Qu qu

R r

S s

T t

U u

V v

W w

X x

Y y

Z z

1. Kennt ihr alle Tiere und Gegenstände?
Erklärt sie euch gegenseitig oder fragt nach.

2. Findet ihr zu jedem Buchstaben noch ein weiteres Wort?

A wie …

A wie Anfang und wie die Ampel an der Kreuzung,

B wie Bärchen – die süßen, aus Gummi,

C wie die roten Cent-Stücke,

D wie du,

E wie Erbsen (mag ich nicht!),

F wie Fruchtsalat (mag ich!) und Frösche (mag ich auch!),

G wie Gans und ganz,

H wie heute,

I wie igitt oder wie Imker,

J wie das Jahr,

K wie Käsekuchen und

L wie lustig,

M wie Mops und wie Modenschau,

N wie neulich,

O wie Ordnung (muss ich machen, sagt Mama)
und wie *oho*:

P wie Po!

Qu wie Qualle (ist gleich **I** wie igitt),

R wie Richard (so heißt Opa),

S wie sanft und

T wie toben,

U wie Urmel (lese ich gerade),

V wie Vase (bloß nicht umwerfen!),

W wie Waldmeister (hmm!),

X wie X-Beine und

Y wie Ypsilon und dann:

Z wie zuletzt.

Heike Günther

1. Sprecht über das Gedicht.
Kennt ihr alle Wörter?
Erklärt sie euch gegenseitig oder fragt nach.

2. Wie ist das Gedicht gemacht?

3. Kannst du auch so ein Gedicht schreiben?

So benutzt du das Wörterbuch

Mit dem Wörterbuch arbeiten – für Klasse 1

Im ersten Teil des Wörterbuches findest du viele Wörter, die dir in der 1. Klasse beim richtigen Schreiben helfen.

Auf den Seiten 18 bis 37 findest du immer eine Doppelseite zu einem Thema, z.B. zum Thema Schule oder zum Thema Spielplatz:
- auf der rechten Seite stehen Wörter unter einem passenden Foto oder in kleinen Kästchen,
- auf der linken Seite kannst du viele dieser Wörter als Fotos in einem Bild wiederentdecken.

Mit dem Wörterbuch arbeiten – für Klasse 2

Für das richtige Schreiben in der 2. Klasse findest du in diesem Wörterbuch eine Wörterliste.

Auf den Seiten 38 bis 103 sind alle Wörter nach dem Alphabet geordnet:

- links siehst du immer die Grundform oder die Einzahl,
- rechts sind viele Wörter in veränderter Form abgedruckt: die Tunwörter in einer Personalform (er/sie …) und die Namenwörter in der Mehrzahl (die …); manche Wiewörter findest du in einer Steigerungsform.

Damit du schnell die Wortart bestimmen kannst, hat jedes Wort eine bestimmte Farbe:
Namenwörter, Tunwörter, Wiewörter, andere Wortarten.

	arbeiten	er/sie	arbeitet
der	Ärger		
sich	ärgern	er/sie	ärgert sich
	arm		ärmer
der	Arm	die	Arme
der	Arzt	die	Ärzte
die	Ärztin	die	Ärztinnen
der	Ast	die	Äste
	auch		

Das Abc kennen

ABCDE
wenn ich in die Schule geh,
FGHIJ
lern ich gern und flott,
KLMNO
bin ich ganz schön froh:
PQRST
Ich kann das Abc.
UVWXYZ
Das find ich richtig nett!

1. Sprecht das Gedicht zu zweit: Einer sagt nur die Buchstaben, der andere liest den Text.

2. Schreibe das Abc auswendig auf.

3. Welcher Buchstabe steht im Alphabet davor?
   Schreibe so: CD, IJ, ...
   *D *J *U *B *L *X

4. Welcher Buchstabe steht im Alphabet dahinter?
   A* F* J* R* Y* K*

5. Ordne die drei Buchstabengruppen.
   Q R T S K N M L B A D C

Wörter mit unterschiedlichen Anfangsbuchstaben ordnen

1. Finde den richtigen Anfangsbuchstaben und ordne die Wörter nach dem Abc.
Schreibe so: Apfel, Bleistift, ...
*eft, *inosaurier, *adiergummi, *uppe, *pfel, *leistift, *ußball

2. Kennt ihr auch Namen mit dem Anfangsbuchstaben, der im Alphabet jeweils davor und danach kommt (Rolf, Sibylle, Tim)?
Sibylle, Frederik, Orhan, Judith, Pedro, Natascha, Betül, Gabriela, Lars

3. Ordne die Wörter nach dem Abc: Bett, ...
Stuhl, Ofen, Ei, Tor, Bett, Zahn

Wörter mit gleichen Anfangsbuchstaben ordnen

Beginnen zwei Nachschlagewörter mit demselben Anfangsbuchstaben, musst du auf den zweiten Buchstaben achten:
die O**m**a - der O**n**kel

1. Schreibe die Listen ab und unterstreiche jeweils den ersten und den zweiten Buchstaben.

Baum	sagen	faul
bellen	Skelett	finden
Bild	spielen	fleißig
Boden	stark	freundlich
Buch	Suppe	Fußball

2. Ordne nach dem gleichen Anfangsbuchstaben.
neu, Meter, malen, nicht, mit, Nudel, mutig, Nadel, Mond, Not

3. Finde nun für die Wörter aus Aufgabe 2 die richtige Reihenfolge nach dem Alphabet.
Schreibe so: malen, Meter, ...

4. Finde die richtige Reihenfolge für diese Tiere.
Schreibe so: Aal, ...
Affe, Adler, Ameise, Antilope, Aal, Alpaka

Wörter nachschlagen und richtig aufschreiben

Ein Wort nachschlagen:

Ein Wort richtig aufschreiben:

1. Schritt: lesen
2. Schritt: merken (das Wort langsam flüstern, dann Augen schließen und das Wort still vorsagen)
3. Schritt: aufschreiben
4. Schritt: kontrollieren (jeden Buchstaben vergleichen, *bei einem Fehler:* Wort durchstreichen und richtig notieren)

Nachschlagen nach dem ersten Buchstaben

1. Notiere das jeweils letzte Wort in der Wörterliste für Klasse 2 zu diesen Anfangsbuchstaben. Schreibe so: Cowboy, ...
   C V G W A H

2. Auf welchen Seiten beginnen die Wörter mit diesen Anfangsbuchstaben?
   T H K B R M

3. Auf welcher Seite stehen diese Wörter? Schreibe auch jeweils das Wort davor und danach auf: Unsinn, unten, unter, S. 94; ...
   unten, Schal, niesen, Turm, Geige, Apfel

4. Findet gemeinsam Lieblingswörter zu diesen Buchstaben in der Wörterliste.
   D G U T J

5. Schreibe das nachfolgende Wort auf. Notiere auch, auf welcher Seite du es gefunden hast.
   Arzt, Spaß, Lupe, Zitrone

6. Wie heißt das Gegenteil? Notiere das Wort und die Seite, auf der du es gefunden hast. Schreibe so: kalt – warm, S. 97; ...
   kalt, arm, hässlich, klein

Nachschlagen nach dem zweiten Buchstaben

1. Wie heißen jeweils das erste und das letzte Wort in der Wörterliste mit Sch/sch, Sp/sp und St/st? Schreibe so: schade + schwören, …

2. Auf welchen Seiten in der Wörterliste findest du Wörter mit diesen Anfangsbuchstaben? Schreibe so: Wörter mit In: S. 59; …
In Or Va be kl

3. Finde alle Wörter in der Wörterliste, die mit diesen Buchstabenpaaren beginnen.
Zo fo um gl

4. Welches Wort steht in der Wörterliste dazwischen? Schreibe es auf.
Eule ▮ Europa, zanken ▮ zaubern, Bild ▮ Birne

5. Wie heißen die beiden nachfolgenden Wörter?
lassen, wegen, billig, mögen, heute

6. Bringe die Wörter in die richtige Reihenfolge: Schreibe so: Schlüssel, S. 83; …

In der Schule

Buch

Kreide

Lehrerin

Schwamm

Stift

Stuhl

Tafel

Tisch

Uhr

lesen

rechnen

schreiben

laut

leise

Meine Familie

Baby

Bruder

Familie

Kind

Mutter

Oma

Opa

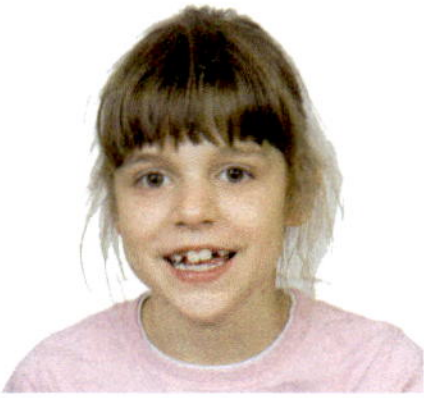

Schwester

Vater

backen

sitzen

vorlesen

alt

jung

lieb

In der Stadt

KINO
KINO
NEU
METROPOL
MUSEUM
Sonderwagen
Deutsche Post
FROSTI

Ampel

Auto

Bus

Haus

Kino

Kirche

Park

Post

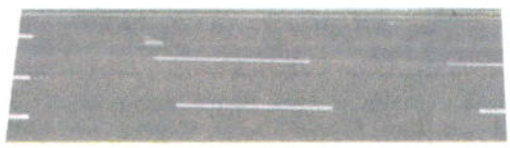

Straße

fahren

gehen

hupen

parken

gelb

grün

rot

Auf dem Bauernhof

Biene

Ente

Huhn

Hund

Katze

Kuh

Maus

Pferd

Schwein

bellen

fressen

jagen

summen

groß

klein

Auf dem Spielplatz

Ball

Bank

Eimer

Gras

Puppe

Sand

Schaufel

Seil

Wippe

bauen

lachen

schaukeln

spielen

lustig

müde

Im Geschäft

Anorak

Hemd

Hose

Jacke

Kleid

Mantel

Pulli

Schal

Socken

anziehen

kaufen

suchen

neu

schön

Beim Frühstück

Brot

Gabel

Käse

Löffel

Messer

Nudeln

Tasse

Teller

Wurst

essen	kochen	trinken
salzig	sauer	süß

Im Krankenhaus

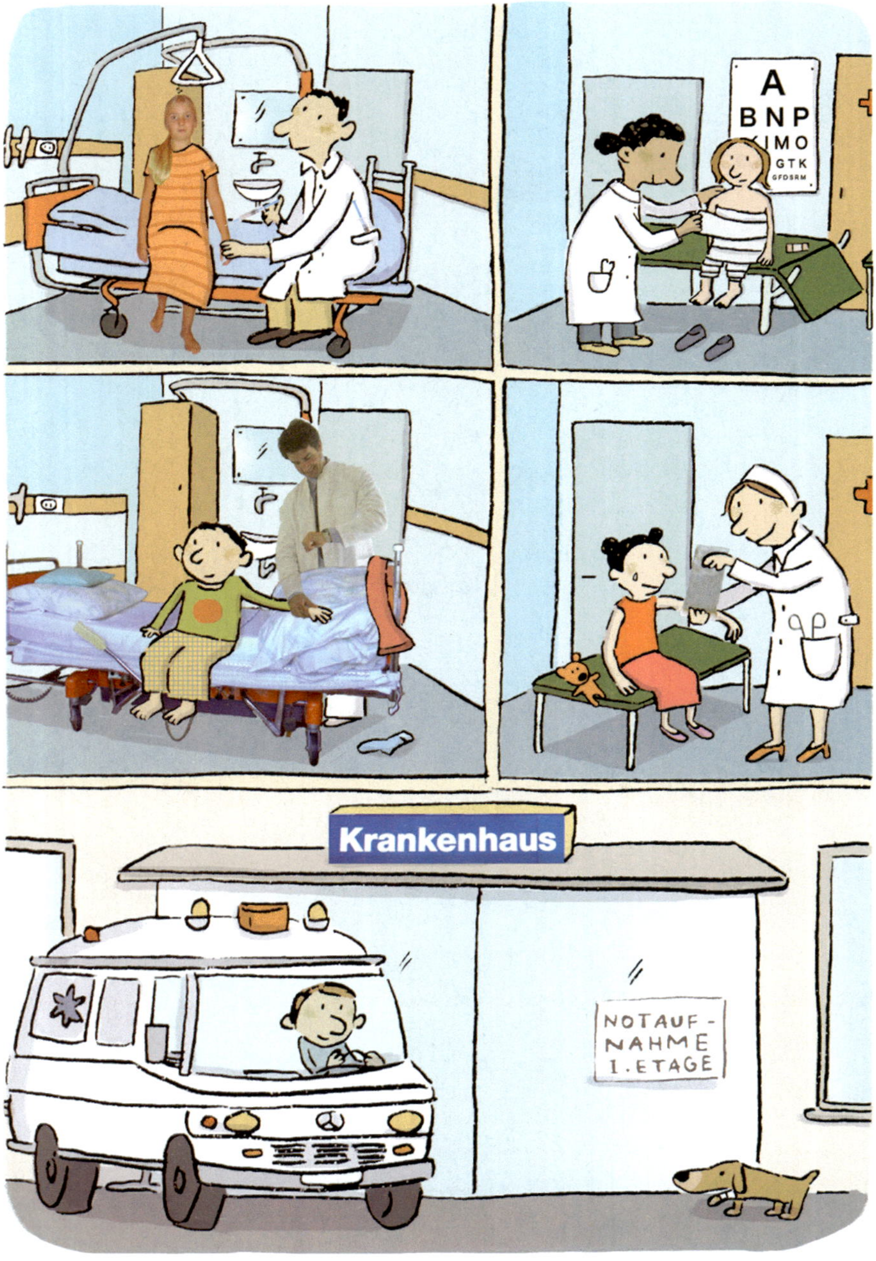

Arm

Bein

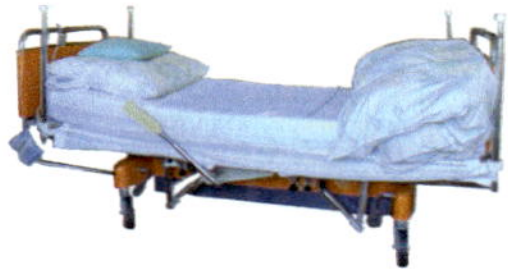

Bett

Doktor

Kopf

Krankenhaus

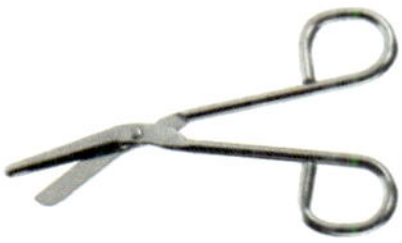

Schere

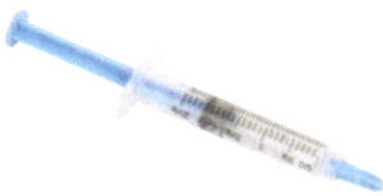

Spritze

Verband

helfen

weinen

gesund

krank

weiß

Meine Hobbys

Bild

Computer

Fahrrad

Hamster

Musik

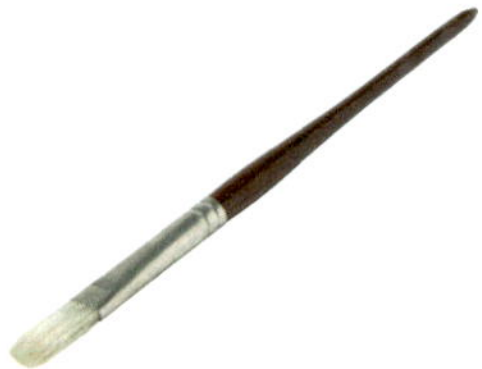

Pinsel

Pony

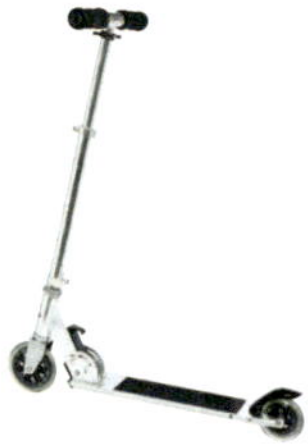

Roller

Rutsche

malen	reiten	streicheln
schnell	weich	

Die Jahreszeiten

Baum

Blatt

Blume

Regen

Schlitten

Schnee

Sonne

Wind

Wolke

blühen

regnen

scheinen

kalt

warm

A a  

	ab		
der	Abend	die	Abende
	abends		
	aber		
der	Abfall	die	Abfälle
	acht		
	achtzehn		
	achtzig		
der	Advent		
der	Affe	die	Affen
	alle		
	allein		
	alles		
	als		
	also		
	alt		älter
	am		
die	Ameise	die	Ameisen
die	Ampel	die	Ampeln
	an		
eine	andere ...	ein	anderer/anderes ...

der	Anfang	die	Anfänge
	anfangen	er/sie	fängt an
die	Angst	die	Ängste
der	Anorak	die	Anoraks
	anrufen	er/sie	ruft an
die	Antwort	die	Antworten
	antworten	er/sie	antwortet
der	Apfel	die	Äpfel
der	April		
die	Arbeit	die	Arbeiten
	arbeiten	er/sie	arbeitet
der	Ärger		
sich	ärgern	er/sie	ärgert sich
	arm		ärmer
der	Arm	die	Arme
der	Arzt	die	Ärzte
die	Ärztin	die	Ärztinnen
der	Ast	die	Äste
	auch		
	auf		
die	Aufgabe	die	Aufgaben
	aufpassen	er/sie	passt auf
das	Auge	die	Augen

der	August		
	aus		
das	Auto	die	Autos

B b

das	Baby	die	Babys
der	Bach	die	Bäche
	backen	er/sie	backt/bäckt
der	Bäcker	die	Bäcker
das	Bad	die	Bäder
	baden	er/sie	badet
die	Badewanne	die	Badewannen
der	Bahnhof	die	Bahnhöfe
	bald		
der	Ball	die	Bälle
die	Banane	die	Bananen
die	Bank	die	Bänke
der	Bär	die	Bären
	basteln	er/sie	bastelt
der	Bauch	die	Bäuche

A B C D E F G H I J K L M N O P Q R S T U V W X Y Z

	bauen	er/sie	baut
der	Bauer	die	Bauern
die	Bäuerin	die	Bäuerinnen
der	Baum	die	Bäume
	bei		
	beide		
das	Bein	die	Beine
	beißen	er/sie	beißt
	bekommen	er/sie	bekommt
	bellen	er/sie	bellt
der	Berg	die	Berge
der	Beruf	die	Berufe
der	Besen	die	Besen
	besuchen	er/sie	besucht
	beten	er/sie	betet
das	Bett	die	Betten
sich	bewegen	er/sie	bewegt sich
	bezahlen	er/sie	bezahlt
die	Biene	die	Bienen
das	Bild	die	Bilder
	billig		
die	Birne	die	Birnen
	bis		

	bitten	er/sie	bittet
das	Blatt	die	Blätter
	blau		
	bleiben	er/sie	bleibt
der	Bleistift	die	Bleistifte
	blind		
	blühen	es	blüht
die	Blume	die	Blumen
die	Bluse	die	Blusen
das	Blut		
	bluten	er/sie	blutet
die	Blüte	die	Blüten
der	Boden	die	Böden
das	Boot	die	Boote
	böse		
	brauchen	er/sie	braucht
	braun		
	brechen	er/sie	bricht
	breit		
	brennen	es	brennt
der	Brief	die	Briefe
die	Brille	die	Brillen
	bringen	er/sie	bringt

A B C D E F G H I J K L M N O P Q R S T U V W X Y Z

das	Brot	die	Brote
das	Brötchen	die	Brötchen
der	Bruder	die	Brüder
das	Buch	die	Bücher
die	Bücherei	die	Büchereien
	bunt		
die	Burg	die	Burgen
der	Bus	die	Busse
der	Busch	die	Büsche
die	Butter		

C c

der	Cent	die	Cents
der	Christ	die	Christen
der	Christbaum	die	Christbäume
der	Clown	die	Clowns
der	Comic	die	Comics
der	Computer	die	Computer
der	Cowboy	die	Cowboys

D d

	da		
	dabei		
das	Dach	die	Dächer
	dafür		
	damals		
die	Dame	die	Damen
	damit		
	danach		
	danken	er/sie	dankt
	dann		
	darin		
	darum		
	das		
	dass		
der	Daumen	die	Daumen
	davor		
die	Decke	die	Decken
	dein		deine
der	Delfin	die	Delfine
	dem		
	den		

	denken	er/sie	denkt
	denn		
	der		
	deshalb		
	deutsch		
	Deutschland		
der	Dezember		
	dich		
	dicht		
	dick		
	die		
der	Dienstag	die	Dienstage
	diese		dieser, dieses
das	Diktat	die	Diktate
der	Dinosaurier	die	Dinosaurier
	dir		
	doch		
der	Donnerstag	die	Donnerstage
das	Dorf	die	Dörfer
	dort		
die	Dose	die	Dosen
der	Drachen	die	Drachen
	draußen		

A B C **D** **E** F G H I J K L M N O P Q R S T U V W X Y Z

	dreckig		
	drei		
	dreißig		
	dreizehn		
	drücken	er/sie	drückt
	du		
	dunkel		
	dünn		
	durch		
	dürfen	er/sie	darf
der	Durst		
	durstig		
	duschen	er/sie	duscht

E e

	echt		
die	Ecke	die	Ecken
	eckig		
	egal		
das	Ei	die	Eier

der	Eimer	die	Eimer
	ein		eine, einer
	einfach		
	einkaufen	er/sie	kauft ein
	einladen	er/sie	lädt ein
	einmal		
	eins		
	einsam		
das	Eis		
die	Eisenbahn	die	Eisenbahnen
der	Elefant	die	Elefanten
	elf		
der	Elfmeter	die	Elfmeter
die	Eltern		
das	Ende	die	Enden
	endlich		
	eng		
der	Engel	die	Engel
	entdecken	er/sie	entdeckt
die	Ente	die	Enten
sich	entschuldigen	er/sie	entschuldigt sich
	er		
die	Erbse	die	Erbsen

A B C D **E** F G H I J K L M N O P Q R S T U V W X Y Z

die	Erde		
die	Erdbeere	die	Erdbeeren
	erlauben	er/sie	erlaubt
	erfinden	er/sie	erfindet
	erst		
	erste		erster, erstes
	erzählen	er/sie	erzählt
	es		
der	Esel	die	Esel
	essen	er/sie	isst
	etwa		
	etwas		
	euch		
	euer		eure
die	Eule	die	Eulen
der	Euro	die	Euros
	Europa		
das	Euter	die	Euter

F f

die	Fahne	die	Fahnen
	fahren	er/sie	fährt
das	Fahrrad	die	Fahrräder
die	Fahrt	die	Fahrten
	fallen	er/sie	fällt
	falsch		
	falten	er/sie	faltet
die	Familie	die	Familien
	fangen	er/sie	fängt
die	Farbe	die	Farben
	fast		
	faul		
der	Februar		
die	Fee	die	Feen
	fehlen	er/sie	fehlt
der	Fehler	die	Fehler
die	Feier	die	Feiern
	feiern	er/sie	feiert
	fein		
das	Feld	die	Felder
das	Fenster	die	Fenster

die	Ferien		
	fernsehen	er/sie	sieht fern
der	Fernseher	die	Fernseher
	fertig		
	fest		
das	Fest	die	Feste
	fett		
das	Feuer	die	Feuer
der	Film	die	Filme
	finden	er/sie	findet
der	Finger	die	Finger
der	Fisch	die	Fische
	fit		
	flach		
die	Flasche	die	Flaschen
das	Fleisch		
	fleißig		
die	Fliege	die	Fliegen
	fliegen	er/sie	fliegt
	fließen	es	fließt
	flitzen	er/sie	flitzt
die	Flöte	die	Flöten
der	Flügel	die	Flügel

das	Flugzeug	die	Flugzeuge
der	Fluss	die	Flüsse
	flüssig		
	fort		
das	Foto	die	Fotos
die	Frage	die	Fragen
	fragen	er/sie	fragt
die	Frau	die	Frauen
	frech		
	frei		
der	Freitag	die	Freitage
	fremd		
	fressen	er/sie	frisst
die	Freude	die	Freuden
sich	freuen	er/sie	freut sich
der	Freund	die	Freunde
die	Freundin	die	Freundinnen
	freundlich		
der	Frieden		
	frieren	er/sie	friert
	frisch		
	fröhlich		
der	Frosch	die	Frösche

die	Frucht	die	Früchte
	früh		
der	Frühling	die	Frühlinge
	fühlen	er/sie	fühlt
	füllen	er/sie	füllt
der	Füller	die	Füller
	fünf		
	fünfzehn		
	fünfzig		
	für		
sich	fürchten	er/sie	fürchtet sich
der	Fuß	die	Füße
der	Fußball	die	Fußbälle
das	Futter		

G g

die	Gabel	die	Gabeln
die	Gans	die	Gänse
das	Gänseblümchen	die	Gänseblümchen
	ganz		

eine	ganze ...	ein	ganzer/ganzes ...
die	Garage	die	Garagen
die	Gardine	die	Gardinen
der	Garten	die	Gärten
	geben	er/sie	gibt
der	Geburtstag	die	Geburtstage
die	Gefahr	die	Gefahren
	gefährlich		
	geheim		
das	Geheimnis	die	Geheimnisse
	gehen	er/sie	geht
die	Geige	die	Geigen
	gelb		
das	Geld	die	Gelder
	gemein		
das	Gemüse		
	genau		
	gerade		
	gern		
das	Geschenk	die	Geschenke
die	Geschichte	die	Geschichten
das	Gesicht	die	Gesichter
das	Gespenst	die	Gespenster

A B C D E F **G** H I J K L M N O P Q R S T U V W X Y Z

	gestern		
	gesund		gesünder
die	Gesundheit		
	gewinnen	er/sie	gewinnt
das	Gewitter	die	Gewitter
	giftig		
die	Giraffe	die	Giraffen
die	Gitarre	die	Gitarren
das	Glas	die	Gläser
	glatt		
	gleich		
die	Glocke	die	Glocken
das	Glück		
	glücklich		
der	Gorilla	die	Gorillas
der	Gott	die	Götter
	graben	er/sie	gräbt
das	Gras	die	Gräser
	grau		
	greifen	er/sie	greift
	grob		gröber
	groß		größer
die	Großmutter	die	Großmütter

A B C D E F **G** **H** I J K L M N O P Q R S T U V W X Y Z

der	Großvater	die	Großväter
	grün		
	gucken	er/sie	guckt
das	Gummibärchen	die	Gummibärchen
die	Gurke	die	Gurken
der	Gürtel	die	Gürtel
	gut		besser
die	Gymnastik		

H h

das	Haar	die	Haare
	haben	er/sie	hat
der	Hagel		
der	Hahn	die	Hähne
	halb		
	hallo		
der	Hals	die	Hälse
	halten	er/sie	hält
der	Hammer	die	Hämmer
der	Hamster	die	Hamster

die	Hand	die	Hände
der	Handschuh	die	Handschuhe
das	Handy	die	Handys
	hängen	es	hängt
	hart		härter
der	Hase	die	Hasen
	hässlich		
das	Haus	die	Häuser
die	Hausaufgabe	die	Hausaufgaben
die	Haut	die	Häute
	heben	er/sie	hebt
die	Hecke	die	Hecken
das	Heft	die	Hefte
	heimlich		
	heiraten	er/sie	heiratet
	heiß		
	heißen	er/sie	heißt
	helfen	er/sie	hilft
	hell		
der	Helm	die	Helme
das	Hemd	die	Hemden
	her		
	heraus		

	herbei		
der	Herbst	die	Herbste
	herein		
der	Herr	die	Herren
	herrlich		
	herum		
	herunter		
das	Herz	die	Herzen
	herzlich		
	heute		
	heulen	er/sie	heult
die	Hexe	die	Hexen
	hier		
die	Hilfe	die	Hilfen
die	Himbeere	die	Himbeeren
der	Himmel		
	hin		
	hinauf		
	hinaus		
	hinein		
	hinter		
	hinterher		
das	Hobby	die	Hobbys

	hoch		höher
der	Hof	die	Höfe
	hoffen	er/sie	hofft
	hoffentlich		
	holen	er/sie	holt
das	Holz	die	Hölzer
der	Honig	die	Honige
	hören	er/sie	hört
der	Hort	die	Horte
die	Hose	die	Hosen
das	Hotel	die	Hotels
	hübsch		
das	Huhn	die	Hühner
die	Hummel	die	Hummeln
der	Hund	die	Hunde
	hundert		
der	Hunger		
	hungrig		
die	Hupe	die	Hupen
	hüpfen	er/sie	hüpft
	husten	er/sie	hustet
der	Hut	die	Hüte

I i

	ich		
die	Idee	die	Ideen
der	Igel	die	Igel
das	Iglu	die	Iglus
	ihm		
	ihn		
	ihnen		
	ihr		
	ihre		
	im		
	immer		
	in		
der	Indianer	die	Indianer
	innen		
	ins		
die	Insel	die	Inseln
das	Internet		
sich	irren	er/sie	irrt sich
	ist		(→ sein)

A B C D E F G H I J K L M N O P Q R S T U V W X Y Z

J j

	ja		
die	Jacke	die	Jacken
	jagen	er/sie	jagt
der	Jäger	die	Jäger
das	Jahr	die	Jahre
	jammern	er/sie	jammert
der	Januar		
die	Jeans		
	jede		jeder, jedes
	jemand		
	jetzt		
	joggen	er/sie	joggt
	jubeln	er/sie	jubelt
	jucken	es	juckt
das	Judo		
der	Juli		
	jung		jünger
der	Junge	die	Jungen
der	Juni		

K k

der	Käfer	die	Käfer
der	Kaffee	die	Kaffees
der	Kakao	die	Kakaos
der	Kaktus	die	Kakteen
der	Kalender	die	Kalender
	kalt		kälter
die	Kälte		
das	Kamel	die	Kamele
der	Kamm	die	Kämme
das	Känguru	die	Kängurus
das	Kaninchen	die	Kaninchen
die	Kanne	die	Kannen
	kaputt		
die	Karotte	die	Karotten
die	Karte	die	Karten
die	Kartoffel	die	Kartoffeln
das	Karussell	die	Karussells
der	Käse		
der	Kasper	die	Kasper
die	Kastanie	die	Kastanien
der	Kasten	die	Kästen

die	Katze	die	Katzen
	kauen	er/sie	kaut
	kaufen	er/sie	kauft
	kaum		
	kein		keine
der	Keks	die	Kekse
der	Keller	die	Keller
	kennen	er/sie	kennt
die	Kerze	die	Kerzen
der	Ketschup	die	Ketschups
	kichern	er/sie	kichert
das	Kind	die	Kinder
das	Kinderzimmer	die	Kinderzimmer
das	Kino	die	Kinos
die	Kirche	die	Kirchen
die	Kirsche	die	Kirschen
die	Kiste	die	Kisten
	kitzeln	er/sie	kitzelt
	klar		
die	Klasse	die	Klassen
der	Klassenraum	die	Klassenräume
	klatschen	er/sie	klatscht
das	Klavier	die	Klaviere

	kleben	er/sie	klebt
das	Kleid	die	Kleider
	klein		
	klettern	er/sie	klettert
die	Klingel	die	Klingeln
	klingeln	er/sie	klingelt
das	Klo	die	Klos
	klug		klüger
	knabbern	er/sie	knabbert
	kneten	er/sie	knetet
das	Knie	die	Knie
der	Knochen	die	Knochen
der	Koch	die	Köche
die	Köchin	die	Köchinnen
	kochen	er/sie	kocht
der	Koffer	die	Koffer
	komisch		
	kommen	er/sie	kommt
der	König	die	Könige
die	Königin	die	Königinnen
	können	er/sie	kann
das	Konzert	die	Konzerte
der	Kopf	die	Köpfe

der	Korb	die	Körbe
der	Körper	die	Körper
	kosten	es	kostet
die	Kraft	die	Kräfte
	kräftig		
	krank		kränker
die	Krankheit	die	Krankheiten
das	Krankenhaus	die	Krankenhäuser
der	Kranz	die	Kränze
	kratzen	es	kratzt
das	Kraut	die	Kräuter
die	Kreide	die	Kreiden
der	Kreis	die	Kreise
die	Kreuzung	die	Kreuzungen
das	Krokodil	die	Krokodile
die	Krone	die	Kronen
die	Küche	die	Küchen
der	Kuchen	die	Kuchen
die	Kuh	die	Kühe
	kurz		kürzer
	kuscheln	er/sie	kuschelt
der	Kuss	die	Küsse
	küssen	er/sie	küsst

L l

	lächeln	er/sie	lächelt
	lachen	er/sie	lacht
der	Laden	die	Läden
das	Lama	die	Lamas
das	Lamm	die	Lämmer
die	Lampe	die	Lampen
das	Land	die	Länder
	landen	er/sie	landet
	lang		länger
	langsam		
	lassen	er/sie	lässt
die	Laterne	die	Laternen
das	Laub		
	laufen	er/sie	läuft
	laut		
	läuten	es	läutet
	leben	er/sie	lebt
das	Leben	die	Leben
	lebendig		
	lecken	er/sie	leckt
	lecker		

	leer		
	legen	er/sie	legt
der	Lehrer	die	Lehrer
die	Lehrerin	die	Lehrerinnen
	leicht		
	leider		
	leise		
die	Leiter	die	Leitern
der	Lenker	die	Lenker
	lernen	er/sie	lernt
	lesen	er/sie	liest
die	Leute		
das	Lexikon	die	Lexika
die	Libelle	die	Libellen
das	Licht	die	Lichter
	lieb		
	lieben	er/sie	liebt
das	Lied	die	Lieder
	liegen	er/sie	liegt
	lila		
das	Lineal	die	Lineale
eine	linke …	ein	linker/linkes …
	links		

die	Lippe	die	Lippen
	loben	er/sie	lobt
das	Loch	die	Löcher
	locker		
der	Löffel	die	Löffel
	logisch		
die	Lokomotive	die	Lokomotiven
	los		
der	Löwe	die	Löwen
der	Löwenzahn		
die	Luft	die	Lüfte
	lügen	er/sie	lügt
die	Lupe	die	Lupen
	lustig		
der	Lutscher	die	Lutscher

M m

	machen	er/sie	macht
das	Mädchen	die	Mädchen
der	Mai		

A B C D E F G H I J K L **M** N O P Q R S T U V W X Y Z

der	Mais		
	mal		
	malen	er/sie	malt
die	Mama	die	Mamas
	man		
	manchmal		
der	Mann	die	Männer
der	Mantel	die	Mäntel
das	Märchen	die	Märchen
der	Marienkäfer	die	Marienkäfer
der	Markt	die	Märkte
die	Marmelade	die	Marmeladen
der	März		
die	Maske	die	Masken
die	Mathematik		
die	Matratze	die	Matratzen
der	Maulwurf	die	Maulwürfe
die	Maus	die	Mäuse
die	Medizin		
das	Meer	die	Meere
das	Meerschweinchen	die	Meerschweinchen
	mehr		
	mein		meine

	meinen	er/sie	meint
die	Melone	die	Melonen
der	Mensch	die	Menschen
	merken	er/sie	merkt
	messen	er/sie	misst
das	Messer	die	Messer
der	Meter	die	Meter
	mich		
die	Milch		
	minus		
die	Minute	die	Minuten
	mir		
	mit		
der	Mitschüler	die	Mitschüler
die	Mitschülerin	die	Mitschülerinnen
der	Mittag	die	Mittage
die	Mitte		
der	Mittwoch	die	Mittwoche
	mögen	er/sie	mag
die	Möhre	die	Möhren
der	Monat	die	Monate
der	Mond	die	Monde
das	Monster	die	Monster

A B C D E F G H I J K L **M** N O P Q R S T U V W X Y Z

der	Montag	die	Montage
das	Moor	die	Moore
der	Morgen	die	Morgen
	morgen		
	morgens		
der	Motor	die	Motoren
die	Möwe	die	Möwen
die	Mücke	die	Mücken
	müde		
der	Müll		
der	Mund	die	Münder
	murmeln	er/sie	murmelt
die	Muschel	die	Muscheln
das	Museum	die	Museen
die	Musik		
	müssen	er/sie	muss
	mutig		
die	Mutter	die	Mütter
die	Mütze	die	Mützen

N n

	nach		
der	Nachbar	die	Nachbarn
die	Nachbarin	die	Nachbarinnen
der	Nachmittag	die	Nachmittage
der	Nachname	die	Nachnamen
die	Nacht	die	Nächte
	nachts		
die	Nadel	die	Nadeln
der	Nagel	die	Nägel
	nah		näher
	nähen	er/sie	näht
die	Nahrung		
der	Name	die	Namen
der	Namenstag	die	Namenstage
	nämlich		
	naschen	er/sie	nascht
die	Nase	die	Nasen
das	Nashorn	die	Nashörner
	nass		
die	Natur		
	natürlich		

A B C D E F G H I J K L M **N** O P Q R S T U V W X Y Z

der	Nebel	die	Nebel
	neben		
	neblig		
	nehmen	er/sie	nimmt
	neidisch		
	nein		
	nennen	er/sie	nennt
das	Nest	die	Nester
	nett		
	neu		
	neun		
	neunzehn		
	neunzig		
	nicht		
	nichts		
	nie		
	niemand		
	niesen	er/sie	niest
der	Nikolaus		
die	Nixe	die	Nixen
	noch		
	normal		
die	Not	die	Nöte

der	November		
die	Nudel	die	Nudeln
die	Nummer	die	Nummern
	nun		
	nur		
die	Nuss	die	Nüsse

O o

die	Oase	die	Oasen
	ob		
	oben		
das	Obst		
	obwohl		
	oder		
der	Ofen	die	Öfen
	offen		
	oft		
	ohne		
das	Ohr	die	Ohren
der	Oktober		

die	Oma	die	Omas
der	Onkel	die	Onkel
der	Opa	die	Opas
	orange		
	ordentlich		
	ordnen	er/sie	ordnet
die	Orgel	die	Orgeln
der	Ort	die	Orte
das	Osterei	die	Ostereier
	Ostern		

P p

das	Paar	die	Paare
	packen	er/sie	packt
das	Paket	die	Pakete
die	Palme	die	Palmen
der	Papa	die	Papas
der	Papagei	die	Papageien
das	Papier		
der	Park	die	Parks

	parken	er/sie	parkt
die	Party	die	Partys
	passen	es	passt
die	Pause	die	Pausen
das	Pech		
das	Pedal	die	Pedale
	peinlich		
	petzen	er/sie	petzt
	pfeifen	er/sie	pfeift
das	Pferd	die	Pferde
	Pfingsten		
die	Pflanze	die	Pflanzen
	pflanzen	er/sie	pflanzt
die	Pflaume	die	Pflaumen
	pflegen	er/sie	pflegt
	pflücken	er/sie	pflückt
die	Pfote	die	Pfoten
die	Pfütze	die	Pfützen
das	Picknick	die	Picknicke
der	Pilz	die	Pilze
der	Pinguin	die	Pinguine
der	Pinsel	die	Pinsel
die	Pizza	die	Pizzen

der Planet	die Planeten
planschen	er/sie planscht
der Platz	die Plätze
platzen	es platzt
plötzlich	
plus	
der Pokal	die Pokale
der Polizist	die Polizisten
die Polizistin	die Polizistinnen
die Pommes frites	
das Pony	die Ponys
der Popo	die Popos
die Post	
der Preis	die Preise
prima	
proben	er/sie probt
der Prinz	die Prinzen
die Prinzessin	die Prinzessinnen
prüfen	er/sie prüft
der Pudding	die Puddings
der Pudel	die Pudel
der Pullover	die Pullover
der Punkt	die Punkte

die	Puppe	die	Puppen
	putzen	er/sie	putzt
die	Pyramide	die	Pyramiden

Qu qu

das	Quadrat	die	Quadrate
	quadratisch		
	quaken	er/sie	quakt
die	Qualle	die	Quallen
der	Qualm		
	qualmen	es	qualmt
der	Quark		
der	Quatsch		
	quatschen	er/sie	quatscht
	quer		
	quieken	es	quiekt
	quietschen	es	quietscht

R r

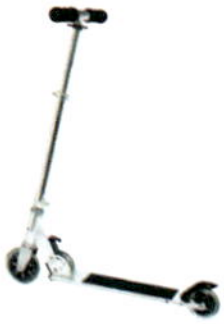

der	Rabe	die	Raben
das	Rad	die	Räder
der	Radfahrer	die	Radfahrer
die	Radfahrerin	die	Radfahrerinnen
	radieren	er/sie	radiert
der	Radiergummi	die	Radiergummis
das	Radio	die	Radios
die	Rakete	die	Raketen
der	Rand	die	Ränder
der	Ranzen	die	Ranzen
	rasen	er/sie	rast
	raten	er/sie	rät
das	Rätsel	die	Rätsel
die	Ratte	die	Ratten
	rauben	er/sie	raubt
	rau		
der	Raum	die	Räume
die	Raupe	die	Raupen
	rechnen	er/sie	rechnet
die	Rechnung	die	Rechnungen
eine	rechte ...	ein	rechter/rechtes ...

	rechts		
	reden	er/sie	redet
die	Regel	die	Regeln
der	Regen		
der	Regenbogen	die	Regenbögen
	regnen	es	regnet
	reiben	er/sie	reibt
	reich		
	reif		
die	Reihe	die	Reihen
der	Reim	die	Reime
der	Reis		
die	Reise	die	Reisen
	reisen	er/sie	reist
	reißen	er/sie	reißt
	reiten	er/sie	reitet
	rennen	er/sie	rennt
	retten	er/sie	rettet
	richtig		
die	Richtung	die	Richtungen
	riechen	er/sie	riecht
der	Riese	die	Riesen
	riesig		

der	Ring	die	Ringe
der	Ritter	die	Ritter
die	Robbe	die	Robben
der	Roboter	die	Roboter
der	Rock	die	Röcke
	rodeln	er/sie	rodelt
	rollen	es	rollt
der	Roller	die	Roller
der	Rollschuh	die	Rollschuhe
	rosa		
die	Rose	die	Rosen
	rostig		
	rot		
das	Rotkehlchen	die	Rotkehlchen
der	Rücken	die	Rücken
der	Rucksack	die	Rucksäcke
	rufen	er/sie	ruft
	ruhig		
	rühren	er/sie	rührt
	rund		
der	Rüssel	die	Rüssel
die	Rutsche	die	Rutschen
	rutschen	er/sie	rutscht

S s

die	Sache	die	Sachen
der	Sack	die	Säcke
der	Saft	die	Säfte
	saftig		
die	Säge	die	Sägen
	sagen	er/sie	sagt
die	Salami	die	Salamis
der	Salat	die	Salate
das	Salz		
	salzig		
der	Samen	die	Samen
	sammeln	er/sie	sammelt
der	Samstag	die	Samstage
der	Sand		
die	Sandale	die	Sandalen
	sandig		
der	Sänger	die	Sänger
die	Sängerin	die	Sängerinnen
	satt		
der	Sattel	die	Sättel
der	Satz	die	Sätze

A B C D E F G H I J K L M N O P Q R **S** T U V W X Y Z

	sauber		
	sauer		
	sausen	er/sie	saust
	schade		
das	Schaf	die	Schafe
	schaffen	er/sie	schafft es
der	Schal	die	Schals
	scharf		schärfer
der	Schatten	die	Schatten
der	Schatz	die	Schätze
	schauen	er/sie	schaut
die	Schaufel	die	Schaufeln
	schaukeln	er/sie	schaukelt
	scheinen	er/sie	scheint
	schenken	er/sie	schenkt
die	Schere	die	Scheren
die	Scheune	die	Scheunen
	schicken	er/sie	schickt
	schieben	er/sie	schiebt
	schief		
das	Schiff	die	Schiffe
die	Schildkröte	die	Schildkröten
der	Schinken	die	Schinken

der	Schirm	die	Schirme
	schlafen	er/sie	schläft
	schlagen	er/sie	schlägt
die	Schlange	die	Schlangen
	schlank		
	schlau		
	schlecht		
	schleichen	er/sie	schleicht
	schließen	er/sie	schließt
der	Schlitten	die	Schlitten
das	Schloss	die	Schlösser
der	Schluss		
der	Schlüssel	die	Schlüssel
	schmal		
	schmecken	es	schmeckt
der	Schmetterling	die	Schmetterlinge
	schmücken	er/sie	schmückt
	schmusen	er/sie	schmust
	schmutzig		
der	Schnabel	die	Schnäbel
die	Schnauze	die	Schnauzen
die	Schnecke	die	Schnecken
der	Schnee		

A B C D E F G H I J K L M N O P Q R **S** T U V W X Y Z

der	Schneemann	die	Schneemänner
	schneiden	er/sie	schneidet
	schneien	es	schneit
	schnell		
die	Schokolade	die	Schokoladen
	schon		
	schön		
der	Schornstein	die	Schornsteine
die	Schramme	die	Schrammen
der	Schrank	die	Schränke
	schrecklich		
	schreiben	er/sie	schreibt
	schreien	er/sie	schreit
die	Schrift	die	Schriften
der	Schuh	die	Schuhe
die	Schule	die	Schulen
der	Schüler	die	Schüler
die	Schülerin	die	Schülerinnen
die	Schulter	die	Schultern
die	Schüssel	die	Schüsseln
	schütten	er/sie	schüttet
	schwach		schwächer
der	Schwamm	die	Schwämme

der	Schwanz	die	Schwänze
	schwarz		
das	Schwein	die	Schweine
	schwer		
die	Schwester	die	Schwestern
	schwimmen	er/sie	schwimmt
	schwitzen	er/sie	schwitzt
	schwören	er/sie	schwört
	sechs		
	sechzehn		
	sechzig		
der	See	die	Seen
	segeln	er/sie	segelt
	sehen	er/sie	sieht
	sehr		
die	Seife	die	Seifen
das	Seil	die	Seile
	sein	er/sie	ist,
		er/sie	war
	sein		seine
	seit		
die	Seite	die	Seiten
die	Sekunde	die	Sekunden

A
B
C
D
E
F
G
H
I
J
K
L
M
N
O
P
Q
R
S
T
U
V
W
X
Y
Z

der	September		
der	Sessel	die	Sessel
sich	setzen	er/sie	setzt sich
	sich		
	sicher		
	sie		
das	Sieb	die	Siebe
	sieben		
	siebzehn		
	siebzig		
	siegen	er/sie	siegt
	Silvester		
	singen	er/sie	singt
der	Sinn	die	Sinne
	sitzen	er/sie	sitzt
das	Skelett	die	Skelette
	so		
die	Socke	die	Socken
das	Sofa	die	Sofas
	sofort		
der	Sohn	die	Söhne
	sollen	er/sie	soll
der	Sommer	die	Sommer

	sondern		
der	Sonnabend	die	Sonnabende
die	Sonne	die	Sonnen
	sonnig		
der	Sonntag	die	Sonntage
	sonst		
die	Spagetti		
	spannend		
	sparen	er/sie	spart
der	Spaß	die	Späße
	spät		
der	Spatz	die	Spatzen
der	Spiegel	die	Spiegel
	spielen	er/sie	spielt
das	Spiel	die	Spiele
der	Spieler	die	Spieler
die	Spielerin	die	Spielerinnen
der	Spielplatz	die	Spielplätze
das	Spielzeug	die	Spielzeuge
der	Spinat		
die	Spinne	die	Spinnen
	spinnen	er/sie	spinnt
	spitz		

der	Sport		
	sportlich		
	sprechen	er/sie	spricht
	springen	er/sie	springt
die	Spritze	die	Spritzen
	spritzen	es	spritzt
	spucken	er/sie	spuckt
	spülen	er/sie	spült
	spüren	er/sie	spürt
die	Stadt	die	Städte
der	Stall	die	Ställe
die	Stange	die	Stangen
der	Stängel	die	Stängel
	stark		stärker
der	Staub		
	stechen	er/sie	sticht
	stehen	er/sie	steht
	steigen	er/sie	steigt
	steil		
der	Stein	die	Steine
	stellen	er/sie	stellt
der	Stempel	die	Stempel
der	Stern	die	Sterne

der	Stiefel	die	Stiefel
der	Stift	die	Stifte
	still		
die	Stimme	die	Stimmen
	stinken	es	stinkt
die	Stirn	die	Stirnen
der	Stock	die	Stöcke
	stolpern	er/sie	stolpert
	stolz		
	stoppen	er/sie	stoppt
das	Stoppschild	die	Stoppschilder
der	Strand	die	Strände
die	Straße	die	Straßen
der	Strauch	die	Sträucher
der	Streich	die	Streiche
	streicheln	er/sie	streichelt
der	Streit	die	Streite
	streiten	er/sie	streitet
der	Strich	die	Striche
der	Strumpf	die	Strümpfe
das	Stück	die	Stücke
der	Stuhl	die	Stühle
die	Stunde	die	Stunden

der	Sturm	die	Stürme
	stürzen	er/sie	stürzt
	suchen	er/sie	sucht
	super		
die	Suppe	die	Suppen
	süß		
die	Süßigkeit	die	Süßigkeiten

T t 

die	Tafel	die	Tafeln
der	Tag	die	Tage
die	Tanne	die	Tannen
die	Tante	die	Tanten
der	Tanz	die	Tänze
	tanzen	er/sie	tanzt
die	Tasche	die	Taschen
die	Tasse	die	Tassen
die	Tatze	die	Tatzen
die	Taube	die	Tauben
	tauchen	er/sie	taucht

	tauschen	er/sie	tauscht
	tausend		
das	Taxi	die	Taxis
der	Teddy	die	Teddys
der	Tee	die	Tees
der	Teich	die	Teiche
	teilen	er/sie	teilt
das	Telefon	die	Telefone
	telefonieren	er/sie	telefoniert
der	Teller	die	Teller
die	Temperatur	die	Temperaturen
der	Teppich	die	Teppiche
	teuer		
der	Text	die	Texte
das	Thermometer	die	Thermometer
	tief		
das	Tier	die	Tiere
der	Tiger	die	Tiger
	tippen	er/sie	tippt
der	Tisch	die	Tische
	toben	er/sie	tobt
die	Tochter	die	Töchter
	toll		

die	Tomate	die	Tomaten
der	Ton	die	Töne
der	Topf	die	Töpfe
das	Tor	die	Tore
die	Torte	die	Torten
	tot		
	tragen	er/sie	trägt
der	Traktor	die	Traktoren
die	Traube	die	Trauben
der	Traum	die	Träume
	träumen	er/sie	träumt
	traurig		
	treffen	er/sie	trifft
die	Treppe	die	Treppen
	treten	er/sie	tritt
	treu		
	trinken	er/sie	trinkt
	trocken		
die	Trommel	die	Trommeln
die	Trompete	die	Trompeten
	trösten	er/sie	tröstet
das	T-Shirt	die	T-Shirts
das	Tuch	die	Tücher

die	Tulpe	die	Tulpen
	tun	er/sie	tut etwas
die	Tür	die	Türen
der	Turm	die	Türme
	turnen	er/sie	turnt
die	Tüte	die	Tüten

U u

die	U-Bahn	die	U-Bahnen
	üben	er/sie	übt
	über		
	überall		
	überqueren	er/sie	überquert
	überraschen	er/sie	überrascht jemanden
die	Überschrift	die	Überschriften
	übrigens		
die	Übung	die	Übungen
das	Ufer	die	Ufer
die	Uhr	die	Uhren

der	Uhu	die	Uhus
	um		
	umarmen	er/sie	umarmt
	umfallen	er/sie	fällt um
die	Umwelt		
	und		
der	Unfall	die	Unfälle
das	Ungeheuer	die	Ungeheuer
	unheimlich		
	uns		
	unser		unsere
der	Unsinn		
	unten		
	unter		
	unternehmen	er/sie	unternimmt etwas
der	Unterricht		
	unterrichten	er/sie	unterrichtet
	unterwegs		
der	Urlaub	die	Urlaube

V v

der	Vampir	die	Vampire
die	Vase	die	Vasen
der	Vater	die	Väter
der	Verband	die	Verbände
das	Verbot	die	Verbote
	vergessen	er/sie	vergisst
	verkaufen	er/sie	verkauft
der	Verkehr		
sich	verkleiden	er/sie	verkleidet sich
	verlieren	er/sie	verliert
	verraten	er/sie	verrät etwas
	verschlafen	er/sie	verschläft
	verstecken	er/sie	versteckt
	verstehen	er/sie	versteht
	versuchen	er/sie	versucht
	viel		mehr, am meisten
	vier		
	vierzehn		
	vierzig		
das	Vitamin	die	Vitamine
der	Vogel	die	Vögel

A B C D E F G H I J K L M N O P Q R S T U **V** **W** X Y Z

das	Volk	die	Völker
	voll		
	vom		
	von		
	vor		
	voraus		
	vorbei		
	vorlesen	er/sie	liest vor
der	Vorname	die	Vornamen
	vorsichtig		
die	Vorstellung	die	Vorstellungen
der	Vulkan	die	Vulkane

W w

die	Waage	die	Waagen
	wach		
	wachsen	er/sie	wächst
die	Waffel	die	Waffeln
	wählen	er/sie	wählt
	wahr		

der	Wal	die	Wale
der	Wald	die	Wälder
die	Wand	die	Wände
	wandern	er/sie	wandert
die	Wanderung	die	Wanderungen
	wann		
	war		(→ sein)
	warm		wärmer
die	Wärme		
	warnen	er/sie	warnt
	warten	er/sie	wartet
	warum		
	was		
	waschen	er/sie	wäscht
das	Wasser		
	wasserscheu		
die	Watte		
der	Wecker	die	Wecker
	weg		
der	Weg	die	Wege
	wegen		
	weich		
	Weihnachten		

A B C D E F G H I J K L M N O P Q R S T U V **W** X Y Z

	weil		
	weinen	er/sie	weint
	weiß		
	weit		
	weiter		
	welche		welcher, welches
die	Welle	die	Wellen
die	Welt	die	Welten
	wem		
	wen		
	wenig		
	wenn		
	wer		
	werden	er/sie	wird
	werfen	er/sie	wirft
das	Wetter		
	wichtig		
	wie		
	wieder		
	wiederholen	er/sie	wiederholt
die	Wiege	die	Wiegen
	wiegen	er/sie	wiegt
die	Wiese	die	Wiesen

das	Wiesel	die	Wiesel
	wieso		
	wild		
die	Wimper	die	Wimpern
der	Wind	die	Winde
	windig		
die	Windel	die	Windeln
	winken	er/sie	winkt
der	Winter	die	Winter
	winzig		
die	Wippe	die	Wippen
	wir		
	wissen	er/sie	weiß
der	Witz	die	Witze
	witzig		
	wo		
die	Woche	die	Wochen
das	Wochenende	die	Wochenenden
	wofür		
	woher		
	wohin		
	wohnen	er/sie	wohnt
die	Wohnung	die	Wohnungen

A B C D E F G H I J K L M N O P Q R S T U V **W** X Y Z

der	Wolf	die	Wölfe
die	Wolke	die	Wolken
	wolkig		
die	Wolle		
	wollen	er/sie	will
das	Wort	die	Wörter
	wovon		
	wozu		
die	Wunde	die	Wunden
das	Wunder	die	Wunder
	wunderbar		
der	Wunsch	die	Wünsche
	wünschen	er/sie	wünscht
der	Würfel	die	Würfel
der	Wurm	die	Würmer
die	Wurst	die	Würste
die	Wurzel	die	Wurzeln
die	Wüste	die	Wüsten
die	Wut		
	wütend		

X x

die	X-Beine		
das	Xylofon	die	Xylofone

Y y

die	Yacht	die	Yachten
der	Yak	die	Yaks
das	Ypsilon	die	Ypsilons

Z z

	zäh		
die	Zahl	die	Zahlen
	zählen	er/sie	zählt
	zahm		
der	Zahn	die	Zähne
die	Zahnbürste	die	Zahnbürsten

die	Zange	die	Zangen
	zanken	er/sie	zankt
	zärtlich		
	zaubern	er/sie	zaubert
der	Zaun	die	Zäune
das	Zebra	die	Zebras
der	Zebrastreifen	die	Zebrastreifen
die	Zehe	die	Zehen
	zehn		
	zeichnen	er/sie	zeichnet
	zeigen	er/sie	zeigt
die	Zeit	die	Zeiten
die	Zeitung	die	Zeitungen
das	Zelt	die	Zelte
der	Zettel	die	Zettel
das	Zeugnis	die	Zeugnisse
die	Ziege	die	Ziegen
	ziehen	er/sie	zieht
das	Ziel	die	Ziele
	ziemlich		
das	Zimmer	die	Zimmer
der	Zirkus	die	Zirkusse
die	Zitrone	die	Zitronen

	zittern	er/sie	zittert
der	Zoo	die	Zoos
der	Zopf	die	Zöpfe
	zu		
der	Zucker		
	zuerst		
	zufrieden		
der	Zug	die	Züge
	zuletzt		
	zum		
die	Zunge	die	Zungen
	zur		
	zurück		
	zusammen		
	zwanzig		
	zwei		
der	Zweig	die	Zweige
der	Zwerg	die	Zwerge
der	Zwieback	die	Zwiebäcke
die	Zwiebel	die	Zwiebeln
der	Zwilling	die	Zwillinge
	zwischen		
	zwölf		

Das Alphabet

Das Abc ist eine feste Reihenfolge der Buchstaben von **A** bis **Z**.
Wir nennen diese 26 Buchstaben auch das Alphabet.

1. Welcher Buchstabe kommt davor, welcher danach? Schreibe so: DEF, ...
   E *R* *G* *N* *X*

2. Finde in der Wörterliste zu diesen Buchstaben das erste Wort, das großgeschrieben wird, und das erste kleingeschriebene Wort.
   Schreibe so: D → da, Dach; ...
   D I T H L

3. Finde in der Wörterliste für die 2. Klasse die letzten drei Wörter zu jedem dieser Buchstaben.
   Schreibe so: A → August, aus, Auto; ...
   A V U F S

4. Schreibt zu den Buchstaben immer zwei Wörter aus der Wörterliste auf, die euch gut gefallen. Notiert auch, auf welchen Seiten ihr sie gefunden habt.
   J W K P O

Wörter nachschlagen nach dem ersten und zweiten Buchstaben

Die Wörter in einem Wörterbuch sind nach dem Alphabet geordnet. Wenn Wörter mit demselben Buchstaben beginnen, musst du beim Nachschlagen auf den zweiten Buchstaben achten.

1. Ordne nach dem Abc.
Schreibe so: Beate, Britt, ...
Ulrich, Stefan, Britt, Sven, Beate, Ursula

2. Welches Wort findest du nicht in der Wörterliste für die 2. Klasse? Schreibe es auf.
suchen, sonst, Sandale, Sieger

3. Schreibe alle Wörter auf, die so beginnen:
Co Kü dr Zo

4. Auf welcher Seite findest du diese Wörter?
Schreibe so: aus, S. 40; ...
aus, süß, Nagel, wo, Iglu

5. Finde die Namen der Geschirr- und Besteckteile in der Wörterliste.
Schreibe so: Tasse, S. 90; ...
Ta**, Te**, Ga**, Me**, Lö**

Selbstlaute und Mitlaute

Das Alphabet besteht aus Selbstlauten und Mitlauten. Die Selbstlaute heißen **a, e, i, o, u**. Sie bringen die Wörter zum Klingen. Bei den Mitlauten klingt immer ein anderer Laut mit.

1. Finde Süßigkeiten, die mit den Mitlauten L, S oder E beginnen: Lutscher, ...

2. Finde alle Monatsnamen mit dem Mitlaut J.

3. Finde die passenden Wörter.
   Schreibe so: Sofa, S. 86; ...

4. Sucht immer zwei Wörter, die so beginnen:
   ta te ti to tu

5. Finde die Selbstlaute zu den Wörtern.
   Schreibe so: Stift, S. 89; ...
   St*ft, B*by, *st, *nt*

Selbstlaute: Doppellaute

Die Doppellaute **au, ei** und **eu** bestehen aus zwei Selbstlauten.

1. Suche zu den Buchstaben jeweils drei Wörter mit au in der Wörterliste.
   Schreibe so: Haus, S. 56; Hausaufgabe, S. 56; Haut, S. 56; ...
   H B R T

2. Sammelt zwanzig Wörter mit ei oder Ei.

3. Welcher Doppellaut steckt in jedem dieser Wörter?
   Schreibe so: Euro, S. 48; ...

4. Welcher Doppellaut fehlt hier?
   Schreibe die Wörter richtig auf: laufen, ...
   l**fen, bl**ben, gr**fen, fr**en, k**fen

Selbstlaute: Umlaute

Aus den Selbstlauten **a, o, u** können die Umlaute **ä, ö** und **ü** werden. Auch **ä, ö** und **ü** sind Selbstlaute.

1. Ergänze die Wörter.
   Schreibe so: die Früchte, S. 52; ...
   die Frucht – die Fr*chte, die Gans – die G*nse, der Zahn – die Z*hne, der Frosch – die Fr*sche

2. Finde den richtigen Umlaut: Flügel, ...
   Fl*gel, R*ssel, S*ge, tr*sten

3. Sammelt acht Wörter mit ä, ö oder ü, die ausdrücken, wie etwas oder jemand ist:
   schön, ...

4. Findet zehn Wörter für Tätigkeiten mit ü. Notiert auch, auf welchen Seiten ihr sie gefunden habt.

5. Wie heißt das nachfolgende Wort in der Wörterliste? Schreibe es so: Wurzel – Wüste; ...
   Wurzel, Sturm, Mantel, Hotel, Boot

6. Ergänze die Umlaute: ärgern, ...
   *rgern, f*nfzig, zw*lf, G*nsebl*mchen

Selbstlaute: i und ie

Ein lang gesprochenes **i** wird meistens **ie** geschrieben.

1. Ergänze die Reimwörter. Schreibe so:
   schief, S. 82; ...
   Brief Giebel vier schieben
   sch** Zw** T** s**

2. Wie heißt das davor stehende Wort in der Wörterliste? Schreibe so: frieren, ...
   frisch, Silvester, Zwiebel, lila

3. Sucht bei diesen Buchstaben alle Wörter mit ie:
   D L F

4. Findest du die Wörter mit ie? Schreibe so:
   Stiefel, S. 89; ...

5. Sucht vier Wörter mit ie, die Tätigkeiten ausdrücken: lieben, S. 66; ...

6. Wie heißen die Wörter richtig?
   B**ne, D**nstag, R**se, Fr**den, W**se

Mitlaute am Wortanfang oder Wortende: B/b, D/d und G/g

Die Mitlaute **B/b, D/d** und **G/g** musst du am Wortanfang ganz deutlich sprechen, damit du sie von **P/p, T/t** und **K/k** unterscheiden kannst.
Am Wortende hörst du **b, d** und **g** besser, wenn du das Wort verlängerst: Bild – Bilder.

1. Schlage die Wörter mit B/b, D/d und G/g nach: Brot, …
   *rot, *reißig, *lücklich, *las, *ick, *raun, *ern

2. Finde die richtigen Reimwörter. Schreibe so: Glocke, S. 54; …

Locke	kaum	schlürfen	platt
Gl**	B**	d**	gl**

3. Ergänze den richtigen Buchstaben. Verlängere das Wort, höre genau und schlage nach. Schreibe so: Donnerstage → Donnerstag, S. 45; …
   Donnersta*, gifti*, Ber*, lusti*, frem*

4. Ergänze zu allen Tagen der Woche die Verlängerung und notiere die Seitenzahl der Wörterliste dazu: der Montag – die Montage …

Mitlaute: St/st

Die Mitlaute **St/st** hören wir am Wortanfang oft als ***Scht/scht***, wie z.B. bei Stein. In der Wortmitte oder am Wortende klingen sie oft einzeln: Fenster, Gespenst.

1. Sprich die Wörter deutlich, schlage sie nach und schreibe so: Post, S. 76; …
   Post, Osterei, Wüste, fast, Ast, August

2. Notiere die du-Form. Was fällt dir auf?

finden	lieben	zeichnen	sollen
du f**	du l**	du z**	du s**

3. Findet beim Buchstaben S 15 Wörter, bei denen ihr am Wortanfang St/st schreibt, aber *Scht/scht* sprecht: Stadt, …

4. Finde Reimwörter mit St/st. Schlage nach, ob sie groß- oder kleingeschrieben werden. Schreibe so: Stern, S. 88; …
   gern, blinken, Park, Bein, Knall

5. Wie heißen die verwandten Wörter?
   durstig – der ***, ängstlich – die ***, festlich – das ***

Mitlaute: Sch/sch

Die Mitlaute **Sch/sch** werden als ein Laut gesprochen.

1. Finde die Wörter. Schreibe so: hübsch, S. 58; …
hüb**, **recklich, komi**, ku**eln

2. Schreibe die Wörter vollständig auf. Welche findest du nicht in der Wörterliste? Unterstreiche sie. Schreibe so: mischen, zischen, wischen, …

m / z / w — ischen
r / l — utschen
Fl / M / T — asche

3. Findet 20 Wörter mit Sch/sch am Wortanfang.

4. Ergänze die Wörter mit Sch/sch. Auf welchen Seiten der Wörterliste findest du die unterstrichenen Wörter? Schreibe so: Geschenk, S. 53; …
Ge**enk, **enken, ge**enkt,
Quat**, quat**en, gequat**t
**lag, **lagen, **lagzeug

Mitlaute: Sp/sp

Die Mitlaute **Sp/sp** hören und sprechen wir am Wortanfang und in zusammengesetzten Wörtern oft wie ***schp***.

1. Finde die Wörter mit Sp. Schreibe so:
Spatz, S. 87; …

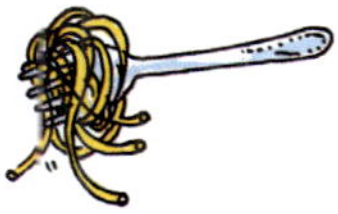
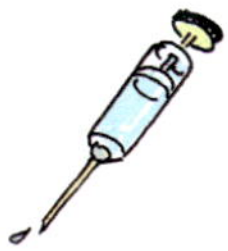

2. Schreibe die Wörter mit der Seitenzahl der Wörterliste auf. Unterstreiche das Wort, in dem du s und p als einzelne Laute hörst.

3. Findet zu diesen Wörtern jeweils ein Tunwort mit sp. Schreibt so: spüren, S. 88; ….
Gespür, Beispiel, Spinne, Gespräch, Sprung

4. Finde ein passendes Reimwort mit Sp/sp. Achte auf die Groß- und Kleinschreibung.
Sitz, rinnen, Satz, Tiegel

Mitlaute: -nk und -ng

Ob ein Wort am Ende mit **-ng** oder mit **-nk** geschrieben wird, kannst du hören, wenn du das Wort verlängerst: Ring – Ringe, er sank – sie sanken, schlank – schlanke Beine.

1. Finde die Wörter in der Wörterliste. Notiere die Seitenzahl und schreibe ein verwandtes Wort dazu. Unterstreiche nk. Schreibe so: links, S. 66, linke; ...
   links, krank, Lenker, trinken, winken

2. Finde die Wörter in der Wörterliste. Notiere die Seitenzahl und schreibe ein verwandtes Wort dazu. Unterstreiche ng. Schreibe so: Känguru, S. 61, Kängurus; ...
   Känguru, hungrig, orange, Pfingsten, lang

3. Verlängere: Punkt – Punkte, S. 76; ...
   Punkt, Rechnung, schlank, Ring, Schrank

4. Findet passende Tunwörter: fangen, S. 49; ...
   der Fang, der Zank, das Geschenk, der Dank, der Gesang

Doppelte Mitlaute

> Oft folgen auf einen kurz gesprochenen Selbstlaut zwei gleiche Mitlaute. Wir nennen sie doppelte Mitlaute.

1. Mache unter einen kurz gesprochenen Selbstlaut einen Punkt und unter einen lang gesprochenen einen Strich. Übermale den doppelten Mitlaut.

Löwe – Löffel, Mutter – Mut, Ton – Topf,
Bad – Ball, mehr – Messer

2. Finde die Wörter in der Wörterliste für die 2. Klasse. Schreibe so: *Qualle, S. 77; …*

3. Ergänzt die Sätze mit passenden Wörtern. Schreibt so: *Affen können gut klettern (S. 63).*

Affen können gut ***.
Ein Delfin kann schnell ***.
Eine Ziege muss gute Kräuter ***.
Der Gepard kann am schnellsten ***.

Mitlaute: ß und ss

Nach einem lang gesprochenen Selbstlaut oder Doppellaut schreiben wir **ß**.
Nach einem kurz gesprochenen Selbstlaut schreiben wir **ss**.

1. Schlage die Wörter nach. Mache unter einen kurz gesprochenen Selbstlaut einen Punkt und unter einen lang gesprochenen einen Strich. Übermale ß und ss mit verschiedenen Farben.
   wi**en, sü*, Nu*, gro*, Fu*, flü**ig

2. Finde die Wörter. Schreibe so: der Fußball, S. 52; …

3. Findet alle Wörter mit ß beim Buchstaben G.

4. Aus welchen Wörtern sind diese Namenwörter zusammengesetzt? Schreibt so: Nusskuchen = Nuss (S. 73) + Kuchen (S. 64); …
   Nusskuchen, Spaßvogel, Süßschnabel

5. Finde die Wörter. Schreibe so: heißen, S. 56; …
   hei*en, drau*en, flei*ig, wei*, flie*en

Namenwörter: Einzahl und Mehrzahl

Namenwörter sind Wörter für Menschen, Tiere, Pflanzen und Dinge. Es gibt sie in der Einzahl und in der Mehrzahl. Wir schreiben sie groß.

1. Finde zehn Namenwörter für Tiere. Schreibe so:
   Ameise, S. 38; ...

2. Finde zehn Namenwörter für Essen oder Getränke. Schreibe so: Gurke, S. 55; ...

3. Finde acht Namenwörter für Kleidungsstücke. Schreibe so: Jeans, S. 60; ...

4. Findet diese Namenwörter in der Wörterliste und schreibt sie mit ihrer Mehrzahl auf:
   Boot – Boote, S. 42; ...
   Boot, Clown, Delfin, Waffel, Gummibärchen, Rakete, Pfote, Zwieback

5. Bilde zu diesen Namenwörtern die Einzahl und überprüfe mit der Wörterliste.
   Äpfel, Höfe, Gläser, Hühner, Königinnen, Schätze, Mäuse, Pizzen

Namenwörter: Bestimmte und unbestimmte Begleiter

> Ein Namenwort kann einen bestimmten Begleiter (Artikel) haben: **der, die** oder **das**. Es gibt auch unbestimmte Begleiter: **ein, eine**. In der Mehrzahl gibt es nur einen bestimmten Begleiter: **die**.

1. Finde die Namenwörter in der Wörterliste. Schreibe sie so mit Begleiter in der Einzahl und in der Mehrzahl auf: die Flöte – die Flöten, S. 50; …
Flöte, Trommel, Geige, Trompete, Klavier

2. Sucht beim Buchstaben P zehn Namenwörter, die ihr gerne mögt, und schreibt sie mit bestimmtem und unbestimmtem Begleiter auf.

3. Schreibe die Namenwörter mit Begleiter und Seitenzahl auf: der Pilz, S. 75; …

4. Schreibe die Namenwörter mit bestimmten Begleitern in Einzahl und Mehrzahl auf.
OASEROBOTERVITAMINYACHTZOO

Tunwörter: Grundform und Personalformen

Tunwörter drücken aus, was jemand tut. In der Grundform endet das Tunwort meist auf **-en**. Tunwörter können sich verändern: ich lache, du lachst, er lacht, wir lachen, ihr lacht, sie lachen. Diese Formen nennt man Personalformen.

1. Schlage die Tunwörter nach und notiere die Seitenzahl. Schreibe auch das nächste Tunwort in der Wörterliste auf.
   quieken, joggen, bluten, ärgern, schmusen

2. Findet alle Tunwörter beim Buchstaben J und schreibt sie in der Grundform und in der du-Form auf: jagen – du jagst; ...

3. Findet zu jedem Buchstaben drei Tunwörter und schreibt sie in der Grundform, in der ich-Form und in der wir-Form auf.
   D F W L

4. Finde zu den Tunwörtern die Grundform. Schreibe so: ich lache, lachen, S. 65; ...
   ich lache, du schaukelst, sie spricht, er verrät, du wächst, er bellt, ihr knetet, du rodelst

Wiewörter

Wiewörter drücken aus, wie etwas ist.
Sie helfen, Dinge zu beschreiben oder zu unterscheiden.

1. Ordnet die Gegensatzpaare. Schreibt so: langsam (S. 65) – schnell (S. 84); …
   langsam, klein, tief, groß, reich, dunkel, schnell, hell, arm, hoch

2. Finde alle Wiewörter beim Buchstaben K.

3. Finde fünf Wiewörter, mit denen du deine Lehrerin oder deinen Lehrer beschreiben kannst. Schreibe so: lieb, S. 66; …

4. Welches Wiewort steht nach diesen Wörtern in der Wörterliste?
   Teppich, Stift, noch, Koffer, müssen

5. Findet in der Wörterliste Wiewörter, die diese Früchte genauer beschreiben. Schreibt so:
   Zitrone → gelb, S. 53; sauer, S. 82; …
   Zitrone, Erdbeere, Ananas, Kiwi

Silben

Wörter bestehen aus Silben. Wir hören sie beim Klatschen und beim Trennen: Te-le-fon.

1. Lies und klatsche die Silben. Schreibe die Wörter so auf: Me–lo–ne (S. 69); …
   Melone, Himbeere, Pflaume, Nuss

2. Finde die Wörter in der Wörterliste für die 2. Klasse. Klatsche und male Silbenbögen unter jedes Wort.

3. Setze die Namenwörter aus den Silben zusammen. Notiere auch, auf welchen Seiten sie in der Wörterliste stehen.
   be-bee-Erd-Erb-Gur-ke-ma-re-se-te-To-Trau

4. Findet in der Wörterliste je drei passende Wörter zu diesen Silbenbögen. Notiert auch, auf welchen Seiten ihr sie gefunden habt.

Klasse 3/4

So findest du alle Wörter im Wörterbuch

Mit dem Wörterbuch arbeiten – für Klasse 3 und 4

In der Wörterliste speziell für die Klassen 3 und 4 (S. 130–263) sind alle Wörter nach dem Alphabet geordnet.
Namenwörter (Nomen) sind in der Einzahl (Singular) und in der Mehrzahl (Plural) abgedruckt: der Aal, die Aale.
Tunwörter (Verben) stehen in der Grundform, in einer Gegenwartsform (Präsens), in einer Vergangenheitsform (Präteritum) und als Mittelwort (Partizip) in der Liste: ab|fah|ren, fährt ab, fuhr ab, abgefahren.
Ändert sich bei Tunwörtern der Wortstamm im Präsens, Präteritum oder im Partizip, findest du diese Wörter auch einzeln in der Wörterliste. Ein Verweis führt dich zur Grundform: er gibt (→ geben).
Wiewörter (Adjektive) findest du in der Grundform. Verändert sich beim Steigern der Wortstamm des Wieworts, dann sind auch diese Formen aufgeführt: arm, ärmer, am ärmsten

Diese Zeichen findest du im Wörterbuch:

→ Das Wort nach dem Pfeil ist die Grundform. Sieh auch an dieser Stelle nach.

↔ Dieses Wort ist das Gegenteil oder ein Gegensatz zu dem davor stehenden Wort.

(Erläuterung) In den runden Klammern steht eine Erläuterung oder Erklärung zu einem Wort.

| Hier kannst du das Wort trennen. Manchmal gibt es dafür verschiedene Möglichkeiten.

Wiederholung: Ordnen und Nachschlagen nach den ersten beiden Buchstaben

1. Ordne die Wörtertürme nach dem Abc.

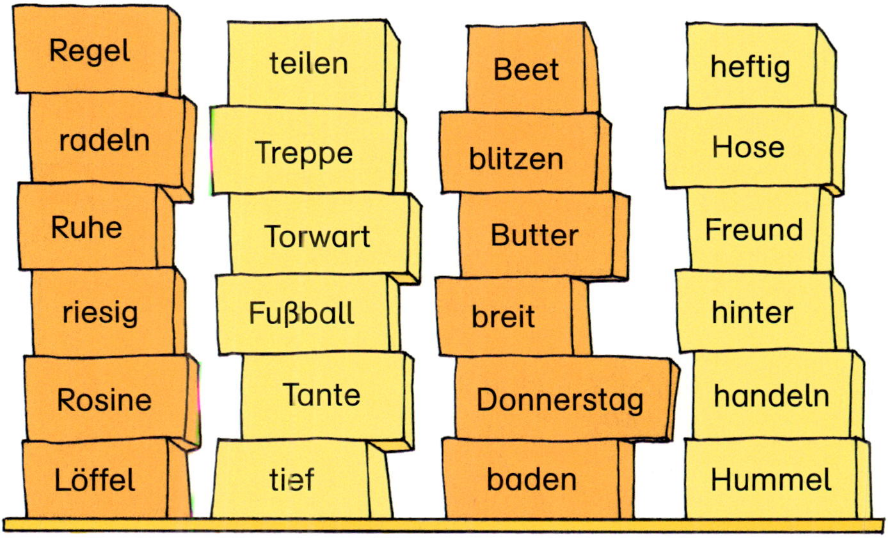

2. Setzt die Silben zu Wörtern zusammen. Überprüft mit der Wörterliste und ordnet die Wörter nach dem Abc.
trei-, -tig, Lö-, -ken, tan-, Tie-, -ben, -fe, la-, -chen, le-, -we, lus-, -fel, Teu-, -sen

3. Finde die Wörter und ordne sie nach dem Abc.
Esel, S. 158, …

Ordnen und Nachschlagen nach dem dritten Buchstaben

1. Ordne die Wörtertürme nach dem Abc.

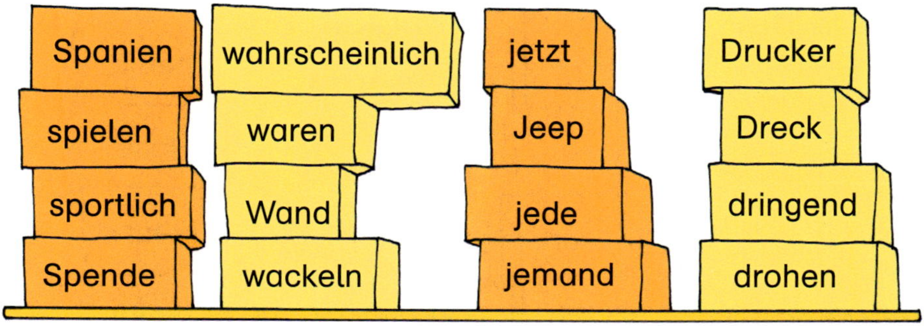

2. Ordne jede Zeile nach dem zweiten und dritten Buchstaben: *Affe, Alarm, …*

Alpen	Affe	als	Alarm	albern
Miene	mich	mein	Mikrofon	mild
gleich	Glocke	glauben	ging	glitzern
Zirkus	zischen	ziehen	Zimmer	Zeug

3. Findet die Wörter in der Wörterliste und ordnet sie so nach dem Alphabet: *Fledermaus, S. 162, …*

Ordnen und Nachschlagen nach dem vierten und folgenden Buchstaben

1. Ordne die Wörter jeder Zeile nach dem Alphabet. Überprüfe mit der Wörterliste.

Erdteil	Erdnuss	Erdkunde	Erdbeere	Erde
besuchen	Besteck	bestimmt	besser	Besitzer
muss	musizieren	Muskel	Muster	Musik

2. Ordnet die Wörter nach dem Abc. Achtet auf die Wortanfänge schau-, schie-, schn- und schw- .
Schnitzel, Schaufel, Schiedsrichter, schwarz, schief, Schnorchel, schwatzen, Schaum, Schaukel, schweben, Schnupfen, Schiene, Schweden, schießen, schauen

3. Findet diese Wörterfolgen in der Wörterliste, ergänzt die fehlenden Wörter und notiert die Seitenzahlen dazu. Schreibt so: streng, strenge, Stress, streuen, streunen, Streusel, S. 235, …
streng … Streusel, Handlung … Handy,
Eisbär … eiskalt, Traube … traurig

4. Suche in der Wörterliste alle Wörter, die so beginnen. Auf welcher Seite hast du sie gefunden? Schreibe so:
Dien => Diener, Dienst, Dienstag, S. 149, …
Dien-, Hol-, Sonn-, Alt-, Medi-

5. In welcher Reihenfolge stehen die Wörter in der Wörterliste?
Schirm, stinken, Spinne, singen, Spinat, Schinken, Sinn

Das Nachschlagewort finden

Namenwörter suchen wir im Wörterbuch in der Einzahl, Tunwörter in der Grundform.

1. Sucht das Nachschlagewort in der Einzahl.
   Legt eine Tabelle nach dem Abc an.
   die Märkte, die Pfunde, die Töchter, die Sprays, die Söhne, die Anfänge, die Badeanzüge, die Büsche

Einzahl	Mehrzahl	Seite
der Markt	die Märkte	S. 198

2. Suche das Nachschlagewort in der Grundform.
   Notiere alle Formen des Tunworts. Schreibe so: räumen, räumt, räumte, geräumt, S. 213, ...
   räumt, quietscht, quakst, presst, schreibt, trabst, wirft, wächst, bricht, zupfst, berät, darfst, fährst, fällt, frisst

3. Ordnet die gefundenen Grundformen von Aufgabe 2 nach dem Abc: beraten, brechen, ...

4. Arbeite wie in Aufgabe 2.
   log, hatte, sang, glitzerte, gab, rannte, sah, schnitt, sparte, griff, hing, grunzte, krächzte, lief

5. Ordne die gefundenen Grundformen von Aufgabe 4 nach dem Abc: geben, greifen, ...

Das Nachschlagewort finden bei zusammengesetzten Wörtern

1. Diese Wörter sind aus einem Tunwort und einem Namenwort zusammengesetzt. Finde diese Tunwörter und Namenwörter in der Wörterliste. Schreibe so:
Reitpferd => reiten (S. 215) + Pferd (S. 209), ...
Reitpferd, Eilbrief, Strafzettel, Stechmücke, Glühlampe

2. Diese Wörter sind aus einem Wiewort und einem Namenwort zusammengesetzt. Finde diese Wiewörter und Namenwörter in der Wörterliste. Schreibe so:
Schnellzug => schnell (S. 223) + Zug (S. 262), ...
Schnellzug, Braunbär, Nacktschnecke, Süßkartoffel

3. Das Fugen-s verbindet zwei Namenwörter:
das Leben + der Raum = der Lebensraum. Findet heraus, aus welchen Namenwörtern die folgenden Wörter zusammengesetzt sind, und schreibt auch die Seiten der Wörterliste dazu, auf denen ihr sie gefunden habt.
Weihnachtsstern, Jahreszahl, Arbeitsplatz, Gesellschaftsspiel, Kapitänsmütze, Adventskranz

4. Zerlegt die zusammengesetzten Tunwörter in ihre Wortbausteine und schlagt nach.
Notiert: ausmessen → aus (S. 135) + messen (S. 199), ...
ausmessen, überlassen, zusagen, aufgehen, davonrennen, vorspielen, nachfahren, ansprechen, hergeben, wegnehmen

A

der Aal, die Aale

das Aas *(Körper eines toten Tieres)*

ab

das Abc

der Abend, die Abende

abends

das Aben|teu|er, die Abenteuer

aber

der Aber|glau|be

ab|fah|ren, fährt ab, fuhr ab, abgefahren

die Ab|fahrt, die Abfahrten

der Ab|fall, die Abfälle

der Ab|ge|ord|ne|te, die Abgeordneten

die Ab|ge|ord|ne|te, die Abgeordneten

ab|ge|schlos|sen (→ abschließen)

ab|ge|schnit|ten (→ abschneiden)

ab|ge|schrie|ben (→ abschreiben)

der Ab|grund, die Abgründe

ab|hän|gig

ab|ho|len, holt ab, holte ab, abgeholt

das Abi|tur *(Abschlussprüfung im Gymnasium)*

die Ab|kür|zung, die Abkürzungen

ab|leh|nen, lehnt ab, lehnte ab, abgelehnt

die Ab|leh|nung, die Ablehnungen

das Abon|ne|ment, die Abonnements *(Dauerbezug, z.B. für eine Zeitung, oder Dauermiete, z.B. für einen Platz im Theater)*

abon|nie|ren, abonniert, abonnierte, abonniert

die Ab|sa|ge, die Absagen

ab|sa|gen, sagt ab, sagte ab, abgesagt

zu **Abend/abends:**

Großschreibung:
- am Abend
- Es wird Abend.
- gestern, heute, morgen Abend

Kleinschreibung:
- von morgens bis abends
- um 7 Uhr abends
- dienstagabends

ab|schi|cken, schickt ab, schickte ab, abgeschickt

der Ab|schied, die Abschiede

ab|schlie|ßen, schließt ab, schloss ab, abgeschlossen

ab|schnei|den, schneidet ab, schnitt ab, abgeschnitten

ab|schrei|ben, schreibt ab, schrieb ab, abgeschrieben

der Ab|sen|der, die Absender

die Ab|sicht, die Absichten

ab|stel|len, stellt ab, stellte ab, abgestellt

ab|stim|men, stimmt ab, stimmte ab, abgestimmt

die Ab|stim|mung, die Abstimmungen

das Ab|teil, die Abteile

ab|wa|schen, wäscht ab, wusch ab, abgewaschen

die Ach|se, die Achsen

die Ach|sel, die Achseln

acht

ach|ten, achtet, achtete, geachtet

die Ach|tung

acht|zehn

acht|zig

der Acker, die Äcker

die Ac|tion *(englisches Wort für eine spannende Handlung, z.B. im Film)*

ad|die|ren, addiert, addierte, addiert

die Ad|di|ti|on, die Additionen

die Ader, die Adern

das Ad|jek|tiv, die Adjektive *(Wortart: Wiewort)*

der Ad|ler, die Adler

ad|op|tie|ren, adoptiert, adoptierte, adoptiert *(ein Kind aufnehmen, das nicht bei seinen eigenen Eltern leben kann)*

die Ad|op|ti|on, die Adoptionen

die Ad|res|se, die Adressen

der Ad|vent

der Ad|vents|kranz, die Adventskränze

der Af|fe, die Affen

Af|ri|ka

zu **acht:**

Ziffern und Buchstaben:

- achtteilig = 8-teilig
- achtmal = 8-mal
- achtjährig = 8-jährig

ag|gres|siv *(angriffslustig)*

ah|nen, ahnt, ahnte, geahnt

ähn|lich

die Ah|nung, die Ahnungen

die Äh|re, die Ähren

Aids *(eine gefährliche Krankheit)*

der Ak|ku|sa|tiv *(4. Fall)*

der Ak|ro|bat, die Akrobaten

die Ak|ro|ba|tin, die Akrobatinnen

ak|tiv *(↔ passiv)*

ak|tu|ell

der Alarm, die Alarme

al|bern

die Al|bern|heit, die Albernheiten

das Al|bum, die Alben

der Al|ko|hol

Al|lah

al|le, alles

die Al|lee, die Alleen *(baumbestandene Straße)*

al|lein

al|ler|dings

all|mäh|lich

die Al|pen

das Al|pha|bet

als

al|so

alt, älter, am ältesten *(↔ jung)*

der Al|tar, die Altäre

das Al|ter

die Al|ter|na|ti|ve, die Alternativen *(eine von zwei oder mehr Möglichkeiten, zwischen denen man wählen kann)*

das Alu|mi|ni|um *(ein Leichtmetall)*

am

die Amei|se, die Ameisen

Ame|ri|ka

ame|ri|ka|nisch

die Am|pel, die Ampeln

die Am|sel, die Amseln

an

die Ana|nas, die Ananasse

das An|den|ken, die Andenken

an|de|re, anderer, anderes

än|dern, ändert, änderte, geändert

an|ders

der An|fang, die Anfänge

an|fan|gen, fängt an, fing an, angefangen

der An|fän|ger, die Anfänger

die An|fän|ge|rin, die Anfängerinnen

an|ge|ben, gibt an, gab an, angegeben
an|ge|grif|fen (→ angreifen)
der An|ge|klag|te, die Angeklagten
die An|ge|klag|te, die Angeklagten
die An|gel, die Angeln
an|geln, angelt, angelte, geangelt
an|ge|zo|gen (→ anziehen)
an|grei|fen, greift an, griff an, angegriffen
die Angst, die Ängste
ängst|lich *(↔ mutig, tapfer)*
an|hal|ten, hält an, hielt an, angehalten

der An|ker, die Anker
der An|lauf, die Anläufe
an|ma|len, malt an, malte an, angemalt
der Ano|rak, die Anoraks
an|pro|bie|ren, probiert an, probierte an, anprobiert
der An|ruf, die Anrufe
an|ru|fen, ruft an, rief an, angerufen
an|schau|en, schaut an, schaute an, angeschaut
an|schei|nend

die An|schrift, die Anschriften
an|statt
sich an|stren|gen, strengt sich an, strengte sich an, hat sich angestrengt
die An|stren|gung, die Anstrengungen
die An|ten|ne, die Antennen
die Ant|wort, die Antworten
ant|wor|ten, antwortet, antwortete, geantwortet
die An|zahl
die An|zei|ge, die Anzeigen
an|zie|hen, zieht an, zog an, angezogen
der An|zug, die Anzüge
an|zün|den, zündet an, zündete an, angezündet
der Ap|fel, die Äpfel
die Ap|fel|si|ne, die Apfelsinen
die Apo|the|ke, die Apotheken
der Ap|pa|rat, die Apparate
der Ap|pe|tit
der Ap|plaus
die Ap|ri|ko|se, die Aprikosen
der Ap|ril

das Aqua|ri|um, die Aquarien
der Äqua|tor *(größter Breitenkreis der Erde)*
die Ar|beit, die Arbeiten

ar|bei|ten, arbeitet, arbeitete, gearbeitet
der Ar|bei|ter, die Arbeiter
die Ar|bei|te|rin, die Arbeiterinnen
ar|beits|los
der Ar|chi|tekt, die Architekten
die Ar|chi|tek|tin, die Architektinnen
der Är|ger
är|ger|lich
är|gern, ärgert, ärgerte, geärgert
der Arm, die Arme
arm, ärmer, am ärmsten *(↔ reich)*
die Ar|mut
die Art, die Arten
der Ar|ti|kel, die Artikel *(Wortart: Begleiter)*
der Ar|tist, die Artisten
die Ar|tis|tin, die Artistinnen
der Arzt, die Ärzte
die Ärz|tin, die Ärztinnen
die Asche
Asi|en
der As|phalt *(ein Straßenbelag)*
sie aß (→ essen)
der Ast, die Äste
der As|tro|naut (Ast|ro|naut), die Astronauten *(Weltraumfahrer)*
die As|tro|nau|tin (Ast|ro|nau|tin), die Astronautinnen
das Asyl *(sicherer Zufluchtsort)*
der At|lan|tik
der At|las, die Atlanten
at|men, atmet, atmete, geatmet
die At|mo|sphä|re *(Lufthülle um die Erde)*
das Atom, die Atome *(kleinstes Teilchen eines chemischen Elements)*
auch
auf
auf|ei|nan|der (auf|ein|an|der)
auf|fal|len, fällt auf, fiel auf, aufgefallen
auf|füh|ren, führt auf, führte auf, aufgeführt
die Auf|ga|be, die Aufgaben
auf|ge|ben, gibt auf, gab auf, aufgegeben
auf|ge|stan|den (→ aufstehen)
auf|hö|ren, hört auf, hörte auf, aufgehört

A B C D E F G H I J K L M N O P Q R S T U V W X Y Z

auf|merk|sam
die Auf|merk|sam|keit
auf|pas|sen, passt auf, passte auf, aufgepasst
auf|pum|pen, pumpt auf, pumpte auf, aufgepumpt
auf|räu|men, räumt auf, räumte auf, aufgeräumt
sich auf|re|gen, regt sich auf, regte sich auf, hat sich aufgeregt
die Auf|re|gung
der Auf|satz, die Aufsätze
auf|ste|hen, steht auf, stand auf, aufgestanden
der Auf|trag, die Aufträge
auf|we|cken, weckt auf, weckte auf, aufgeweckt
der Auf|zug, die Aufzüge
das Au|ge, die Augen
der Au|gen|blick, die Augenblicke
die Au|gen|braue, die Augenbrauen
die Au|gen|far|be, die Augenfarben
der Au|gust
die Au|la, die Aulas *(Fest- oder Versammlungssaal)*
aus
die Aus|bil|dung, die Ausbildungen
der Aus|druck, die Ausdrücke
aus|dru|cken, druckt aus, druckte aus, ausgedruckt
aus|ei|nan|der (aus|ein|an|der)
der Aus|flug, die Ausflüge
der Aus|gang, die Ausgänge
aus|ge|lie|hen (→ ausleihen)
aus|ge|schnit|ten (→ ausschneiden)
aus|ge|zo|gen (→ ausziehen)
die Aus|kunft, die Auskünfte
aus|la|chen, lacht aus, lachte aus, ausgelacht
das Aus|land
der Aus|län|der, die Ausländer
die Aus|län|de|rin, die Ausländerinnen
aus|lei|hen, leiht aus, lieh aus, ausgeliehen
die Aus|nah|me, die Ausnahmen
aus|nahms|wei|se
der Aus|puff, die Auspuffe
die Aus|re|de, die Ausreden

sich aus|ru|hen, ruht sich aus, ruhte sich aus, hat sich ausgeruht
aus|schnei|den, schneidet aus, schnitt aus, ausgeschnitten
aus|se|hen, sieht aus, sah aus, ausgesehen
au|ßen
au|ßer
au|ßer|dem
sich äu|ßern, äußert sich, äußerte sich, hat sich geäußert
die Äu|ße|rung, die Äußerungen
die Aus|sicht, die Aussichten
aus|stel|len, stellt aus, stellte aus, ausgestellt
die Aus|stel|lung, die Ausstellungen
Aus|tra|li|en (Aust|ra|li|en)
aus|tra|lisch (aust|ra|lisch)
die Aus|wahl
aus|wäh|len, wählt aus, wählte aus, ausgewählt
der Aus|weis, die Ausweise
aus|wen|dig
aus|zie|hen, zieht aus, zog aus, ausgezogen
das Au|to, die Autos
die Au|to|bahn, die Autobahnen
der Au|to|fah|rer, die Autofahrer
die Au|to|fah|re|rin, die Autofahrerinnen
das Au|to|gramm, die Autogramme
der Au|to|mat, die Automaten
au|to|ma|tisch
der Au|tor, die Autoren
die Au|to|rin, die Autorinnen
die Axt, die Äxte

B

das Ba|by, die Babys
der Bach, die Bäche
die Ba|cke, die Backen
ba|cken, backt/bäckt, backte/buk, gebacken
der Bä|cker, die Bäcker
die Bä|cke|rei, die Bäckereien
der Back|ofen, die Backöfen
sie bäckt (→ backen)

das **Bad**, die Bäder
der **Ba|de|an|zug**, die Badeanzüge
die **Ba|de|ho|se**, die Badehosen
ba|den, badet, badete, gebadet
Ba|den-Würt|tem|berg
die **Ba|de|wan|ne**, die Badewannen
das **Ba|de|zim|mer**, die Badezimmer
der **Bag|ger**, die Bagger
die **Bahn**, die Bahnen
der **Bahn|hof**, die Bahnhöfe
der **Bahn|steig**, die Bahnsteige
die **Bak|te|rie**, die Bakterien

bald
der **Bal|ken**, die Balken
der **Bal|kon**, die Balkons
der **Ball**, die Bälle
das **Bal|lett**
der **Bal|lon**, die Ballons
die **Ba|na|ne**, die Bananen
er **band** (→ binden)
das **Band**, die Bänder
die **Band**, die Bands *(englisches Wort für eine Musikgruppe)*
die **Bank**, die Bänke

der **Bär**, die Bären
bar|fuß
das **Ba|ro|me|ter**, die Barometer *(Luftdruckmesser)*

der **Bart**, die Bärte
der **Bas|ket|ball**, die Basketbälle
bas|teln, bastelt, bastelte, gebastelt
sie **bat** (→ bitten)
die **Bat|te|rie**, die Batterien
der **Bauch**, die Bäuche
das **Bauch|weh**
bau|en, baut, baute, gebaut
der **Bau|er**, die Bauern
die **Bäu|e|rin**, die Bäuerinnen
der **Bau|ern|hof**, die Bauernhöfe
der **Baum**, die Bäume
bay|e|risch
Bay|ern
der **Be|am|te**, die Beamten
die **Be|am|tin**, die Beamtinnen
der **Be|cher**, die Becher
das **Be|cken**, die Becken
sich **be|dan|ken**, bedankt sich, bedankte sich, hat sich bedankt
be|deu|ten, bedeutet, bedeutete, bedeutet

be|die|nen, bedient, bediente, bedient
die Be|din|gung, die Bedingungen
sich be|ei|len, beeilt sich, beeilte sich, hat sich beeilt
be|er|di|gen, beerdigt, beerdigte, beerdigt
die Be|er|di|gung, die Beerdigungen
die Bee|re, die Beeren
das Beet, die Beete
er be|fahl (→ befehlen)
der Be|fehl, die Befehle
be|feh|len, befiehlt, befahl, befohlen
be|fes|ti|gen, befestigt, befestigte, befestigt
sie be|fiehlt (→ befehlen)
be|foh|len (→ befehlen)
be|frei|en, befreit, befreite, befreit
die Be|frei|ung, die Befreiungen
be|gabt
die Be|ga|bung, die Begabungen
er be|gann (→ beginnen)
be|geg|nen, begegnet, begegnete, begegnet
die Be|geis|te|rung
be|gin|nen, beginnt, begann, begonnen
be|glei|ten, begleitet, begleitete, begleitet
die Be|glei|tung, die Begleitungen
be|gon|nen (→ beginnen)
die Be|grün|dung, die Begründungen
be|grü|ßen, begrüßt, begrüßte, begrüßt
die Be|grü|ßung, die Begrüßungen
be|hilf|lich
be|hin|dert
die Be|hin|de|rung, die Behinderungen
bei
bei|de
der Bei|fall
das Bein, die Beine
bei|na|he
das Bei|spiel, die Beispiele
bei|ßen, beißt, biss, gebissen
der Bei|trag, die Beiträge
er be|kam (→ bekommen)
be|kannt
der Be|kann|te, die Bekannten
die Be|kann|te, die Bekannten

A B C D E F G H I J K L M N O P Q R S T U V W X Y Z

die Be|kannt|schaft, die Bekanntschaften
be|kom|men, bekommt, bekam, bekommen
be|lei|di|gen, beleidigt, beleidigte, beleidigt
die Be|lei|di|gung, die Beleidigungen
Bel|gi|en
bel|gisch
bel|len, bellt, bellte, gebellt
be|loh|nen, belohnt, belohnte, belohnt
die Be|loh|nung, die Belohnungen
be|mer|ken, bemerkt, bemerkte, bemerkt
die Be|mer|kung, die Bemerkungen
be|nut|zen, benutzt, benutzte, benutzt
der Be|nut|zer, die Benutzer
die Be|nut|ze|rin, die Benutzerinnen
das Ben|zin
be|ob|ach|ten, beobachtet, beobachtete, beobachtet
be|quem
die Be|quem|lich|keit

sie be|rät (→ beraten)
be|ra|ten, berät, beriet, beraten
die Be|ra|tung, die Beratungen
be|reit
be|reits
der Berg, die Berge
berg|ab
berg|auf
ber|gig (↔ *flach, eben*)
das Berg|werk, die Bergwerke
der Be|richt, die Berichte
be|rich|ten, berichtet, berichtete, berichtet
er be|riet (→ beraten)
Ber|lin
der Be|ruf, die Berufe
be|rühmt
sie be|saß (→ besitzen)
sich be|schäf|ti|gen, beschäftigt sich, beschäftigte sich, hat sich beschäftigt
die Be|schäf|ti|gung, die Beschäftigungen
be|schei|den (↔ *gierig, maßlos*)
die Be|schei|den|heit
die Be|sche|rung, die Bescherungen
be|schimp|fen, beschimpft, beschimpfte, beschimpft

be|schlie|ßen, beschließt, beschloss, beschlossen

er be|schloss (→ beschließen)

be|schlos|sen (→ beschließen)

der Be|schluss, die Beschlüsse

be|schrei|ben, beschreibt, beschrieb, beschrieben

die Be|schrei|bung, die Beschreibungen

sie be|schrieb (→ beschreiben)

be|schrie|ben (→ beschreiben)

be|schüt|zen, beschützt, beschützte, beschützt

sich be|schwe|ren, beschwert sich, beschwerte sich, hat sich beschwert

der Be|sen, die Besen

be|ses|sen (→ besitzen)

be|setzt

be|sich|ti|gen, besichtigt, besichtigte, besichtigt

die Be|sich|ti|gung, die Besichtigungen

der Be|sitz

be|sit|zen, besitzt, besaß, besessen

der Be|sit|zer, die Besitzer

die Be|sit|ze|rin, die Besitzerinnen

be|son|ders

be|sor|gen, besorgt, besorgte, besorgt

bes|ser (→ gut)

das Be|steck, die Bestecke

am bes|ten (→ gut)

be|stim|men, bestimmt, bestimmte, bestimmt

be|stimmt

der Be|such, die Besuche

be|su|chen, besucht, besuchte, besucht

zu **am besten/ das Beste:**

Kleinschreibung:

- Es ist am besten, wenn du anrufst.
- Anna kann von allen am besten rechnen.

Großschreibung:

- Ich halte es für das Beste, wenn du anrufst.
- Anna ist die Beste im Rechnen.

be|ten, betet, betete, gebetet

der Be|ton

be|trach|ten, betrachtet, betrachtete, betrachtet

der Be|trag, die Beträge

der Be|trieb, die Betriebe

er be|trog (→ betrügen)

be|tro|gen (→ betrügen)

der Be|trug

be|trü|gen, betrügt, betrog, betrogen

der Be|trü|ger, die Betrüger

die Be|trü|ge|rin, die Betrügerinnen

das Bett, die Betten

bet|teln, bettelt, bettelte, gebettelt

der Bett|ler, die Bettler

die Bett|le|rin, die Bettlerinnen

die Beu|le, die Beulen

die Beu|te

die Be|völ|ke|rung

be|vor

sich be|we|gen, bewegt sich, bewegte sich, hat sich bewegt

die Be|we|gung, die Bewegungen

der Be|weis, die Beweise

be|wei|sen, beweist, bewies, bewiesen

sie be|wies (→ beweisen)

be|wie|sen (→ beweisen)

be|zah|len, bezahlt, bezahlte, bezahlt

die Bi|bel, die Bibeln

der Bi|ber, die Biber

die Bi|blio|thek (Bib|lio|thek), die Bibliotheken *(Bücherei)*

bie|gen, biegt, bog, gebogen

die Bie|ne, die Bienen

das Bier, die Biere

das Bild, die Bilder

der Bild|schirm, die Bildschirme

die Bil|dung

bil|lig *(↔ teuer)*

ich bin (→ sein)

bin|den, bindet, band, gebunden

die Bio|lo|gie

das Bio|top, die Biotope *(Lebensraum, in dem nur bestimmte Arten von Pflanzen und Tieren zu finden sind, z.B. ein Sumpf)*

die Bir|ke, die Birken

die Bir|ne, die Birnen

bis

der Bi|schof, die Bischöfe
bis|her
er biss (→ beißen)
biss|chen
bis|sig
du bist (→ sein)
bit|ten, bittet, bat, gebeten
bit|ter
die Bla|se, die Blasen
bla|sen, bläst, blies, geblasen
blass
sie bläst (→ blasen)
das Blatt, die Blätter
blät|tern, blättert, blätterte, geblättert
blau
das Blech, die Bleche
das Blei
blei|ben, bleibt, blieb, geblieben
der Blei|stift, die Bleistifte
der Blick, die Blicke
bli|cken, blickt, blickte, geblickt
er blieb (→ bleiben)
sie blies (→ blasen)
blind (↔ *sehend*)
der Blind|darm, die Blinddärme
der Blin|de, die Blinden
die Blin|de, die Blinden
blin|ken, blinkt, blinkte, geblinkt
der Blin|ker, die Blinker
der Blitz, die Blitze
blit|zen, blitzt, blitzte, geblitzt
der Block, die Blöcke
blöd
der Blöd|sinn
blond
bloß

zu **blau/Blau:**

Kleinschreibung:
- ein blauer Fleck am Knie
- sein blaues Wunder erleben (= staunen)

Großschreibung:
- die Farbe Blau
- das Blau des Himmels

in Farbbezeichnungen:
- blaugrün, blaurot

getrennt *oder* zusammen:
- ein blau gestreifter Pulli *oder* ein blaugestreifter Pulli

blü|hen, blüht, blühte, geblüht
die Blu|me, die Blumen
die Blu|se, die Blusen
das Blut
die Blü|te, die Blüten
blu|ten, blutet, blutete, geblutet
der Blut|er|guss, die Blutergüsse
die Blut|grup|pe, die Blutgruppen
blu|tig
bo|ckig
der Bo|den, die Böden
er bog (→ biegen)
die Boh|ne, die Bohnen
boh|ren, bohrt, bohrte, gebohrt
der Boh|rer, die Bohrer
die Bom|be, die Bomben
das Bon|bon, die Bonbons
das Boot, die Boote
bor|gen, borgt, borgte, geborgt
bö|se (↔ *lieb)*
Bos|ni|en-Her|ze|go|wi|na
der Bo|te, die Boten
die Bot|schaft, die Botschaften
bo|xen, boxt, boxte, geboxt
der Bo|xer, die Boxer
die Bo|xe|rin, die Boxerinnen
sie brach (→ brechen)
er brach ein (→ einbrechen)
sie brach|te (→ bringen)
der Brand, die Brände
Bran|den|burg
es brann|te (→ brennen)
sie brät (→ braten)
bra|ten, brät, briet, gebraten
die Brat|wurst, die Bratwürste
brau|chen, braucht, brauchte, gebraucht
braun
das Brau|se|pul|ver
die Braut, die Bräute
der Bräu|ti|gam, die Bräutigame
das Braut|kleid, die Brautkleider
brav *(↔ ungezogen)*
bra|vo!
bre|chen, bricht, brach, gebrochen
der Brei, die Breie
breit *(↔ schmal)*
Bre|men
die Brem|se, die Bremsen
brem|sen, bremst, bremste, gebremst

bren|nen, brennt, brannte, gebrannt

die Brenn|nes|sel, die Brennnesseln

das Brett, die Bretter

die Bre|zel, die Brezeln

er bricht (→ brechen)

sie bricht ein (→ einbrechen)

der Brief, die Briefe

die Brief|mar|ke, die Briefmarken

der Brief|um|schlag, die Briefumschläge

er briet (→ braten)

die Bril|le, die Brillen

brin|gen, bringt, brachte, gebracht

die Brom|bee|re, die Brombeeren

die Bron|ze *(eine Metallmischung)*

das Brot, die Brote

das Bröt|chen, die Brötchen

der Bruch, die Brüche

die Brü|cke, die Brücken

der Bru|der, die Brüder

brü|der|lich

brül|len, brüllt, brüllte, gebrüllt

brum|men, brummt, brummte, gebrummt

der Brun|nen, die Brunnen

die Brust, die Brüste

bru|tal *(↔ sanft)*

das Buch, die Bücher

die Bu|che, die Buchen

die Bü|che|rei, die Büchereien

der Bü|cher|wurm, die Bücherwürmer

die Büch|se, die Büchsen

der Buch|sta|be, die Buchstaben

sich bü|cken, bückt sich, bückte sich, hat sich gebückt

der Bud|dhis|mus *(Lehre Buddhas; eine Religion)*

das Bü|gel|ei|sen, die Bügeleisen

bü|geln, bügelt, bügelte, gebügelt

die Büh|ne, die Bühnen

sie buk (→ backen)

Bul|ga|ri|en

bul|ga|risch

der Bu|me|rang, die Bumerangs *(ein Wurfholz, das im Flug zu seinem Werfer zurückkehrt)*

bum|meln, bummelt, bummelte, gebummelt

der Bun|des|kanz|ler, die Bundeskanzler

A
B
C
D
E
F
G
H
I
J
K
L
M
N
O
P
Q
R
S
T
U
V
W
X
Y
Z

die **Bun|des|kanz|le|rin**, die Bundeskanzlerinnen
die **Bun|des|li|ga**, die Bundesligen
die **Bun|des|re|pu|blik** (**Bun|des|re|pub|lik**)
die **Bun|des|wehr**
bunt *(↔ einfarbig)*
der **Bunt|stift**, die Buntstifte
die **Burg**, die Burgen
der **Bür|ger**, die Bürger
die **Bür|ge|rin**, die Bürgerinnen
der **Bür|ger|meis|ter**, die Bürgermeister
die **Bür|ger|meis|te|rin**, die Bürgermeisterinnen
der **Bür|ger|steig**, die Bürgersteige
das **Bü|ro**, die Büros
die **Bürs|te**, die Bürsten
bürs|ten, bürstet, bürstete, gebürstet
der **Bus**, die Busse
der **Busch**, die Büsche
die **Bu|ße**
bü|ßen, büßt, büßte, gebüßt
die **But|ter**
die **But|ter|milch**
das **Byte**, die Bytes *(Computersprache: eine bestimmte, sehr kleine Datenmenge)*

C

das **Ca|brio** (**Cab|rio**), die Cabrios
cam|pen, campt, campte, gecampt
der **Cam|ping|platz**, die Campingplätze
die **CD**, die CDs *(Abkürzung für englisch compact disc; ein Speichermedium)*
der **CD-Play|er** (**CD-Pla|yer**), die CD-Player
die **CD-ROM**, die CD-ROMs *(→ CD, deren Inhalt nicht mehr gelöscht oder überschrieben werden kann)*
das **Cel|lo**, die Cellos *(ein Saiteninstrument)*
Cel|si|us *(Einheit auf der Temperaturskala, benannt nach dem Schweden Anders Celsius)*
der **Cent**, die Cents

die Chan|ce, die Chancen
der Chef, die Chefs
die Che|fin, die Chefinnen
die Che|mie
Chi|na
chi|ne|sisch
die Chips
der Chor, die Chöre
der Christ, die Christen
der Christ|baum, die Christbäume
das Chris|ten|tum *(eine Religion)*
die Chris|tin, die Christinnen
Chris|tus *(Jesus Christus; das Wort bedeutet „Gesalbter")*
die Chro|nik, die Chroniken *(Aufzeichnung von Ereignissen in ihrer zeitlichen Abfolge)*
ciao! *(italienischer Gruß)*
die Ci|ty, die Citys *(englisches Wort für Innenstadt)*
cle|ver *(englisches Wort für klug, schlau)*
der Clown, die Clowns
der Club, die Clubs
die Co|la, die Colas
der Co|mic, die Comics
der Com|pu|ter, die Computer

cool
die Corn|flakes
die Couch, die Couches *(Sofa)*
der Cou|sin, die Cousins
die Cou|si|ne, die Cousinen
der Cow|boy, die Cowboys
die Creme, die Cremes
der Cur|sor, die Cursors *(Computersprache: Bildschirmzeiger)*

D

da
da|bei
das Dach, die Dächer
der Dachs, die Dachse
er dach|te (→ denken)
sie dach|te nach (→ nachdenken)
der Da|ckel, die Dackel
da|durch
da|für
da|ge|gen
da|heim
da|her

da|hin
da|hin|ter
da|mals
die Da|me, die Damen
da|mit
däm|lich
der Dampf, die Dämpfe
damp|fen, dampft, dampfte, gedampft
da|nach
da|ne|ben
Dä|ne|mark
dä|nisch
der Dank
die Dank|bar|keit
dan|ken, dankt, dankte, gedankt
dann
da|ran (dar|an)
da|rauf (dar|auf)
da|raus (dar|aus)
er darf (→ dürfen)
da|rin (dar|in)
da|rü|ber (dar|ü|ber)
da|rum (dar|um)
das
dass *(eine Konjunktion, ein Bindewort)*
das|sel|be
der Da|tiv *(3. Fall)*
das Da|tum

der Dau|men, die Daumen
da|von
da|vor
da|zu
die De|cke, die Decken
de|cken, deckt, deckte, gedeckt
deh|nen, dehnt, dehnte, gedehnt
die Deh|nung, die Dehnungen
dein, deine, deiner
die De|ko|ra|ti|on, die Dekorationen
der Del|fin, die Delfine
dem
dem|nach
dem|nächst

zu **das/dass:**

ein *s*:
- Ich sehe das Pferd, das *(welches)* auf der Wiese steht.

zwei *s*:
- Ich hoffe, dass mein Ausritt mit dem Pferd schön wird.

die De|mo|kra|tie, die Demokratien *(eine Staatsform, bei der das Volk die Männer und Frauen wählt, die den Staat leiten)*

de|mo|kra|tisch

der De|mons|trant (De|monst|rant), die Demonstranten

die De|mons|tran|tin (De|monst|ran|tin), die Demonstrantinnen

die De|mons|tra|ti|on (De|monst|ra|ti|on), die Demonstrationen *(Protestkundgebung)*

de|mons|trie|ren (de|monst|rie|ren), demonstriert, demonstrierte, demonstriert

den

den|ken, denkt, dachte, gedacht

das Denk|mal, die Denkmäler

denn

der

de|ren

der|je|ni|ge

der|sel|be

des

des|halb

des|sen

des|to

des|we|gen

der De|tek|tiv, die Detektive

deut|lich

deutsch

der Deut|sche, die Deutschen

die Deut|sche, die Deutschen

Deutsch|land

der De|zem|ber

der De|zi|me|ter

das Dia, die Dias

der Di|a|lekt, die Dialekte *(Mundart, die nur in bestimmten Teilen eines Landes gesprochen wird)*

zu **deutsch/Deutsch:**

Kleinschreibung:
- die deutsche Sprache
- deutsch sprechen

Großschreibung:
- etwas auf Deutsch sagen
- Das heißt auf Deutsch …

der **Di|a|mant**, die Diamanten
die **Di|ät**, die Diäten
dich
dicht
dich|ten, dichtet, dichtete, gedichtet
der **Dich|ter**, die Dichter
die **Dich|te|rin**, die Dichterinnen
dick *(↔ dünn)*
dick|köp|fig
die
der **Dieb**, die Diebe
die **Die|bin**, die Diebinnen
der **Dieb|stahl**, die Diebstähle
die **Die|le**, die Dielen
die|nen, dient, diente, gedient
der **Die|ner**, die Diener
der **Dienst**, die Dienste
der **Diens|tag**, die Dienstage
dies, diese, dieser
der **Die|sel**
die|sel|be
der **Die|sel|mo|tor**, die Dieselmotoren
di|gi|tal *(↔ analog)*
das **Dik|tat**, die Diktate
dik|tie|ren, diktiert, diktierte, diktiert
das **Ding**, die Dinge
der **Di|no|sau|ri|er**, die Dinosaurier
dir
di|rekt
der **Di|rek|tor**, die Direktoren
die **Di|rek|to|rin**, die Direktorinnen
der **Di|ri|gent**, die Dirigenten
die **Di|ri|gen|tin**, die Dirigentinnen
das **Dirndl**, die Dirndl *(Trachtenkleid)*
die **Disco**, die Discos
die **Dis|ket|te**, die Disketten *(Computersprache: Datenträger zum Speichern von Daten)*

zu **Dienstag/ dienstags:**

Großschreibung:
- Ich komme am Dienstag.
- jeden Dienstag
- am Dienstagabend

Kleinschreibung:
- immer dienstags
- dienstagabends

A B C **D** E F G H I J K L M N O P Q R S T U V W X Y Z

die **Dis|kus|si|on,** die Diskussionen
dis|ku|tie|ren, diskutiert, diskutierte, diskutiert
das **Dis|play,** die Displays *(Computersprache: Bildschirm bei Computern oder Handys)*
di|vi|die|ren, dividiert, dividierte, dividiert
die **Di|vi|si|on,** die Divisionen
doch
der **Docht,** die Dochte
der **Dok|tor,** die Doktoren
die **Dok|to|rin,** die Doktorinnen
das **Do|ku|ment,** die Dokumente
der **Dol|lar,** die Dollars
der **Dom,** die Dome
der **Domp|teur,** die Dompteure *(Tierbändiger)*
der **Dö|ner Ke|bab,** die Döner Kebabs
der **Don|ner**
don|nern, donnert, donnerte, gedonnert
der **Don|ners|tag,** die Donnerstage
doof
der **Dop|pel|punkt,** die Doppelpunkte
dop|pelt
das **Dorf,** die Dörfer
dort
die **Do|se,** die Dosen
der **Dot|ter,** die Dotter
der **Dra|che,** die Drachen *(ein geflügeltes Fabelwesen)*
der **Dra|chen,** die Drachen *(ein Fluggerät)*

der **Draht,** die Drähte
drän|geln, drängelt, drängelte, gedrängelt
drau|ßen
der **Dreck**
dre|ckig *(↔ sauber)*
dre|hen, dreht, drehte, gedreht
die **Dre|hung,** die Drehungen
drei
das **Drei|eck,** die Dreiecke
das **Drei|rad,** die Dreiräder
drei|ßig
drei|zehn
drib|beln, dribbelt, dribbelte, gedribbelt
drin
drin|gend
drin|nen
drit|te, dritter, drittes
das **Drit|tel,** die Drittel

dro|hen, droht, drohte, gedroht
die Dro|hung, die Drohungen
die Dros|sel, die Drosseln
drü|ben
der Druck *(starker Einfluss, den man auf einen Menschen ausübt)*
der Druck, die Drucke *(Vervielfältigung, z.B. eines Gemäldes)*
dru|cken, druckt, druckte, gedruckt
drü|cken, drückt, drückte, gedrückt
der Dru|cker, die Drucker *(Gerät, das Computerdokumente auf Papier ausdruckt)*
der Druck|knopf, die Druckknöpfe
der Dschun|gel
du
der Duft, die Düfte
duf|ten, duftet, duftete, geduftet
dumm, dümmer, am dümmsten *(↔ klug)*
die Dumm|heit, die Dummheiten
dun|kel

zu **dritte/Dritte:**

Kleinschreibung:
- das dritte Kapitel des Buches
- die dritte Reiterin im Wettbewerb

Großschreibung:
- der Dritte in der Reihe
- jeder Dritte
- die Dritten (= das künstliche Gebiss)
- die Dritte Welt (= die Entwicklungsländer)

zu **du/Du:**

Kleinschreibung:
- du läufst
- Leute wie du und ich

Großschreibung:
- Liebe Maja, ich schreibe Dir, damit Du weißt, dass ich an Dich denke. (Anrede im Brief)
- jemanden mit Du anreden

A B C D E F G H I J K L M N O P Q R S T U V W X Y Z

die Dun|kel|heit
dünn (↔ *dick*)
durch
durch|ei|nan|der
(durch|ein|an|der)
durch|sich|tig
dür|fen, darf, durfte, gedurft
sie durf|te (→ dürfen)
dürr
der Durst
durs|tig
die Du|sche, die Duschen
du|schen, duscht, duschte, geduscht
du|ster (↔ *hell*)
das Dut|zend
die DVD, die DVDs *(Abkürzung für englisch digital versatile disc; ein Speichermedium)*
das Dy|na|mit *(ein Sprengstoff)*
der Dy|na|mo, die Dynamos *(ein Stromerzeuger)*

E

die Eb|be, die Ebben
eben
eben|so
das Echo, die Echos *(Widerhall)*
echt
die Ecke, die Ecken
eckig (↔ *rund*)
edel
der Edel|stein, die Edelsteine
der Efeu
egal
ehe
die Ehe, die Ehen
die Eh|re, die Ehren
der Ehr|geiz
ehr|gei|zig
ehr|lich
das Ei, die Eier
die Ei|che, die Eichen
die Ei|chel, die Eicheln
das Eich|hörn|chen, die Eichhörnchen
die Ei|dech|se, die Eidechsen

der Ei|fer
ei|fer|süch|tig
eif|rig (↔ *träge, faul*)
das Ei|gelb, die Eigelbe
ei|ge|ne, eigener, eigenes
ei|gent|lich
das Ei|gen|tor, die Eigentore
das Ei|gen|tum
die Ei|le
ei|len, eilt, eilte, geeilt

A B C D **E** F G H I J K L M N O P Q R S T U V W X Y Z

der **Ei|mer**, die Eimer
ein, eine, einer
ei|nan|der (ein|an der)
die **Ein|bahn|stra|ße**, die Einbahnstraßen
ein|bre|chen, bricht ein, brach ein, eingebrochen
der **Ein|bre|cher**, die Einbrecher
die **Ein|bre|che|rin**, die Einbrecherinnen
ein|fach
der **Ein|fall**, die Einfälle
ein|fal|len, fällt ein, fiel ein, eingefallen
der **Ein|fluss**, die Einflüsse
der **Ein|gang**, die Eingänge
ein|ge|bro|chen (→ einbrechen)
ei|ni|ge
sich **ei|ni|gen**, einigt sich, einigte sich, hat sich geeinigt
der **Ein|kauf**, die Einkäufe
ein|kau|fen, kauft ein, kaufte ein, eingekauft
ein|la|den, lädt ein, lud ein, eingeladen
die **Ein|la|dung**, die Einladungen
die **Ein|lei|tung**, die Einleitungen
ein|mal
das **Ein|mal|eins**
eins
ein|sam
die **Ein|sam|keit**
einst
ein|ver|stan|den
das **Ein|ver|ständ|nis**
der **Ein|woh|ner**, die Einwohner
die **Ein|woh|ne|rin**, die Einwohnerinnen
die **Ein|zahl**
die **Ein|zel|heit**, die Einzelheiten
ein|zeln

zu **eins/Eins:**

Kleinschreibung:
- Die Turmuhr schlägt eins.
- eins nach dem anderen machen
- Ich komme um Punkt eins.

Großschreibung:
- Im Diktat habe ich eine Eins.
- Ich würfle eine Eins.

A B C D **E** F G H I J K L M N O P Q R S T U V W X Y Z

ein|zig
ein|zig|ar|tig
das Eis
der Eis|bär, die Eisbären
der Eis|be|cher, die Eisbecher
das Ei|sen
die Ei|sen|bahn, die Eisenbahnen
das Eis|ho|ckey
eis|kalt *(↔ heiß)*

ei|tel
die Ei|tel|keit, die Eitelkeiten
der Ekel
ek|lig
der Ele|fant, die Elefanten
der Elek|tri|ker (Elekt|ri|ker), die Elektriker
elek|trisch (elekt|risch)
die Elek|tri|zi|tät (Elekt|ri|zi|tät)
das Elend
elf
der Elf|me|ter, die Elfmeter
der Ell|bo|gen, die Ellbogen
die Els|ter, die Elstern
die El|tern
die E-Mail, die E-Mails *(englisches Wort für elektronische Post)*
er emp|fahl (→ empfehlen)
sie emp|fand (→ empfinden)
emp|fan|gen, empfängt, empfing, empfangen
der Emp|fän|ger, die Empfänger
die Emp|fän|ge|rin, die Empfängerinnen
er emp|fängt (→ empfangen)
emp|feh|len, empfiehlt, empfahl, empfohlen
die Emp|feh|lung, die Empfehlungen
sie emp|fiehlt (→ empfehlen)
emp|fin|den, empfindet, empfand, empfunden
emp|find|lich
er emp|fing (→ empfangen)
emp|foh|len (→ empfehlen)
emp|fun|den (→ empfinden)
em|pört

zu **einzig/Einzige:**

Kleinschreibung:
- der einzige Freund

Großschreibung:
- Du bist für mich die Einzige!
- kein Einziger

die Em|pö|rung
das En|de, die Enden
end|lich
end|los
die Ener|gie, die Energien
eng (↔ weit)
die En|ge
der En|gel, die Engel
Eng|land
eng|lisch
der En|kel, die Enkel
die En|ke|lin, die Enkelinnen
ent|de|cken, entdeckt, entdeckte, entdeckt
die En|te, die Enten
ent|fer|nen, entfernt, entfernte, entfernt
die Ent|fer|nung, die Entfernungen
die Ent|füh|rung, die Entführungen
ent|ge|gen
ent|geg|nen, entgegnet, entgegnete, entgegnet
ent|hal|ten, enthält, enthielt, enthalten
es ent|hält (→ enthalten)
es ent|hielt (→ enthalten)
sie ent|kam (→ entkommen)
ent|kom|men, entkommt, entkam, entkommen
ent|lang
ent|las|sen, entlässt, entließ, entlassen
er ent|lässt (→ entlassen)
die Ent|las|sung, die Entlassungen
sie ent|ließ (→ entlassen)
ent|schei|den, entscheidet, entschied, entschieden
die Ent|schei|dung, die Entscheidungen
er ent|schied (→ entscheiden)
ent|schie|den (→ entscheiden)
sich ent|schlie|ßen, entschließt sich, entschloss sich, hat sich entschlossen
sie ent|schloss sich (→ entschließen)
ent|schlos|sen (→ entschließen)
sich ent|schul|di|gen, entschuldigt sich, entschuldigte sich, hat sich entschuldigt
die Ent|schul|di|gung, die Entschuldigungen
ent|sor|gen, entsorgt, entsorgte, entsorgt
es ent|stand (→ entstehen)

A B C D **E** F G H I J K L M N O P Q R S T U V W X Y Z

ent|stan|den (→ entstehen)
ent|ste|hen, entsteht, entstand, entstanden
ent|täu|schen, enttäuscht, enttäuschte, enttäuscht
die Ent|täu|schung, die Enttäuschungen
er ent|warf (→ entwerfen)
ent|we|der
ent|wer|fen, entwirft, entwarf, entworfen
ent|wi|ckeln, entwickelt, entwickelte, entwickelt
die Ent|wick|lung, die Entwicklungen
sie ent|wirft (→ entwerfen)
ent|wor|fen (→ entwerfen)
die Ent|zün|dung, die Entzündungen
er
das Er|be
der Er|be, die Erben
er|ben, erbt, erbte, geerbt
er|beu|ten, erbeutet, erbeutete, erbeutet
die Er|bin, die Erbinnen
die Erb|se, die Erbsen
die Erd|bee|re, die Erdbeeren
die Er|de
das Erd|ge|schoss, die Erdgeschosse
die Erd|kun|de

die Erd|nuss, die Erdnüsse
der Erd|teil, die Erdteile
sich er|eig|nen, ereignet sich, ereignete sich, hat sich ereignet
das Er|eig|nis, die Ereignisse
er|fah|ren, erfährt, erfuhr, erfahren
die Er|fah|rung, die Erfahrungen
der Er|fin|der, die Erfinder
die Er|fin|de|rin, die Erfinderinnen
der Er|folg, die Erfolge
er|for|schen, erforscht, erforschte, erforscht
er|freu|lich
er|fri|schen, erfrischt, erfrischte, erfrischt
er|gän|zen, ergänzt, ergänzte, ergänzt
das Er|geb|nis, die Ergebnisse
sich er|in|nern, erinnert sich, erinnerte sich, hat sich erinnert
die Er|in|ne|rung, die Erinnerungen

sich er|käl|ten, erkältet sich, erkältete sich, hat sich erkältet
die Er|käl|tung, die Erkältungen
er|kannt (→ erkennen)
er er|kann|te (→ erkennen)
er|ken|nen, erkennt, erkannte, erkannt
er|klä|ren, erklärt, erklärte, erklärt
die Er|klä|rung, die Erklärungen
er|kun|den, erkundet, erkundete, erkundet
sich er|kun|di|gen, erkundigt sich, erkundigte sich, hat sich erkundigt
die Er|kun|di|gung, die Erkundigungen
er|lau|ben, erlaubt, erlaubte, erlaubt
die Er|laub|nis, die Erlaubnisse
die Er|le, die Erlen
er|le|ben, erlebt, erlebte, erlebt
das Er|leb|nis, die Erlebnisse
er|le|di|gen, erledigt, erledigte, erledigt
er|leich|tert
er|ler|nen, erlernt, erlernte, erlernt
er|mah|nen, ermahnt, ermahnte, ermahnt
die Er|mah|nung, die Ermahnungen
er|näh|ren, ernährt, ernährte, ernährt
die Er|näh|rung
ernst (↔ *heiter, unbeschwert*)
die Ern|te, die Ernten
ern|ten, erntet, erntete, geerntet
er|pres|sen, erpresst, erpresste, erpresst
die Er|pres|sung, die Erpressungen
er|rei|chen, erreicht, erreichte, erreicht
er|schei|nen, erscheint, erschien, erschienen
die Er|schei|nung, die Erscheinungen
sie er|schien (→ erscheinen)
er|schie|nen (→ erscheinen)
er|schöpft (↔ *frisch, fit*)
er er|schrak (→ erschrecken)

A B C D E F G H I J K L M N O P Q R S T U V W X Y Z

er|schre|cken, erschrickt, erschrak, erschrocken
sie er|schrickt (→ erschrecken)
er|schro|cken (→ erschrecken)
er|set|zen, ersetzt, ersetzte, ersetzt
erst
ers|te, erster, erstes
er|sti|cken, erstickt, erstickte, erstickt
er er|trank (→ ertrinken)
er|trin|ken, ertrinkt, ertrank, ertrunken
er|trun|ken (→ ertrinken)
er|wach|sen
der Er|wach|se|ne, die Erwachsenen
die Er|wach|se|ne, die Erwachsenen
er|wäh|nen, erwähnt, erwähnte, erwähnt
er|war|ten, erwartet, erwartete, erwartet
die Er|war|tung, die Erwartungen
er|wi|schen, erwischt, erwischte, erwischt
er|zäh|len, erzählt, erzählte, erzählt
die Er|zäh|lung, die Erzählungen
er|zie|hen, erzieht, erzog, erzogen
der Er|zie|her, die Erzieher
die Er|zie|he|rin, die Erzieherinnen
die Er|zie|hung
sie er|zog (→ erziehen)
er|zo|gen (→ erziehen)
es

der Esel, die Esel
der Es|ki|mo, die Eskimos *(Angehöriger eines Volkes, das in der Arktis lebt)*
das Es|sen, die Essen
es|sen, isst, aß, gegessen
der Es|sig, die Essige

zu **erste/Erste:**

Kleinschreibung:
- das erste Eis
- der erste Stock des Hauses

Großschreibung:
- als Erster durchs Ziel gehen
- die Erste Bundesliga
- Ich bin der Erste!

Est|land
est|län|disch
die Eta|ge, die Etagen *(Stockwerk)*
das Etui, die Etuis *(Behältnis oder Schutzhülle, z.B. für eine Brille)*
et|wa
et|was
euch
eu|er, eure
die Eu|le, die Eulen
der Eu|ro, die Euros

Eu|ro|pa
der Eu|ro|pä|er, die Europäer
die Eu|ro|pä|e|rin, die Europäerinnen
eu|ro|pä|isch
das Eu|ter, die Euter
evan|ge|lisch
das Evan|ge|li|um, die Evangelien *(die ersten vier Bücher des Neuen Testaments in der Bibel; das Wort bedeutet „gute Botschaft")*
ewig
die Ewig|keit, die Ewigkeiten
die Ex|pe|di|ti|on, die Expeditionen *(Forschungsreise)*
das Ex|pe|ri|ment, die Experimente *(wissenschaftlicher Versuch)*
ex|plo|die|ren, explodiert, explodierte, explodiert
die Ex|plo|si|on, die Explosionen
ex|tra (ext|ra)

F

die Fa|bel, die Fabeln
die Fa|brik (Fab|rik), die Fabriken
das Fach, die Fächer
die Fa|ckel, die Fackeln
der Fa|den, die Fäden
fä|hig
die Fä|hig|keit, die Fähigkeiten
die Fahr|bahn, die Fahrbahnen
die Fäh|re, die Fähren
fah|ren, fährt, fuhr, gefahren
der Fah|rer, die Fahrer
die Fah|re|rin, die Fahrerinnen
die Fahr|kar|te, die Fahrkarten
das Fahr|rad, die Fahrräder

er fährt (→ fahren)
sie fährt ab (→ abfahren)

A B C D E **F** G H I J K L M N O P Q R S T U V W X Y Z

er **fährt Rad** (→ Rad fahren)
er **fährt weg** (→ wegfahren)
die **Fahrt**, die Fahrten
die **Fähr|te**, die Fährten
das **Fahr|zeug**, die Fahrzeuge
fair *(englisches Wort für gerecht)*
fal|len, fällt, fiel, gefallen
fäl|len, fällt, fällte, gefällt
er **fällt** (→ fallen)
sie **fällt auf** (→ auffallen)
ihm **fällt ein** (→ einfallen)
sie **fällt hin** (→ hinfallen)
falsch *(↔ richtig)*
die **Fal|te**, die Falten
fal|ten, faltet, faltete, gefaltet
die **Fa|mi|lie**, die Familien
der **Fan**, die Fans *(englisches Wort für einen begeisterten Anhänger, z.B. einer Popgruppe)*
sie **fand** (→ finden)
es **fand statt** (→ stattfinden)
fan|gen, fängt, fing, gefangen
er **fängt** (→ fangen)
sie **fängt an** (→ anfangen)
die **Fan|ta|sie**, die Fantasien
die **Far|be**, die Farben
der **Fa|sching**, die Faschings
das **Fass**, die Fässer
fas|sen, fasst, fasste, gefasst
fas|ten, fastet, fastete, gefastet
das **Fast Food** *(englisches Wort für ein schnell verzehrbares Gericht)*
die **Fast|nacht**
faul
fau|len|zen, faulenzt, faulenzte, gefaulenzt
die **Faust**, die Fäuste
das **Fax**, die Faxe
fa|xen, faxt, faxte, gefaxt
der **Fe|bru|ar (Feb|ru|ar)**
die **Fe|der**, die Federn
die **Fee**, die Feen
feh|len, fehlt, fehlte, gefehlt
der **Feh|ler**, die Fehler
feh|ler|frei *(↔ fehlerhaft)*
die **Fei|er**, die Feiern
fei|ern, feiert, feierte, gefeiert
der **Fei|er|tag**, die Feiertage
fei|ge *(↔ mutig, tapfer)*
die **Fei|ge**, die Feigen
der **Feig|ling**, die Feiglinge
fein
der **Feind**, die Feinde

die **Fein|din**, die Feindinnen
feind|lich
das **Feld**, die Felder
das **Fell**, die Felle
der **Fels**, die Felsen
das **Fens|ter**, die Fenster
die **Fe|ri|en**
das **Fer|kel**, die Ferkel

das **Fern|glas**, die Ferngläser
das **Fern|rohr**, die Fernrohre
fern|se|hen, sieht fern, sah fern, ferngesehen
der **Fern|se|her**, die Fernseher
die **Fer|se**, die Fersen
fer|tig
die **Fes|sel**, die Fesseln
fes|seln, fesselt, fesselte, gefesselt

zu **fertig:**

getrennt *oder* zusammen:
- die Hausaufgaben fertigmachen *oder* fertig machen
- mit einem Gegner fertigwerden *oder* fertig werden

getrennt:
- fertig sein

fest *(↔ locker)*
das **Fest**, die Feste
fest|lich
die **Fest|plat|te**, die Festplatten *(Speicher des Computers)*
fett
das **Fett**, die Fette
feucht *(↔ trocken)*
die **Feuch|tig|keit**
das **Feu|er**, die Feuer
der **Feu|er|alarm**, die Feueralarme

feu|er|rot
die **Feu|er|wehr**, die Feuerwehren
die **Fi|bel**, die Fibeln
die **Fich|te**, die Fichten
das **Fie|ber**
er **fiel** (→ fallen)
sie **fiel auf** (→ auffallen)
ihm **fiel ein** (→ einfallen)
sie **fiel hin** (→ hinfallen)
die **Fi|gur**, die Figuren
der **Film**, die Filme
fil|men, filmt, filmte, gefilmt
der **Filz|stift**, die Filzstifte
fin|den, findet, fand, gefunden
sie **fing** (→ fangen)
er **fing an** (→ anfangen)

A B C D E **F** G H I J K L M N O P Q R S T U V W X Y Z

A B C D E F G H I J K L M N O P Q R S T U V W X Y Z

der Fin|ger, die Finger
der Fin|ger|na|gel, die Fingernägel
der Fink, die Finken
fin|nisch
Finn|land
die Fir|ma, die Firmen
die Fir|mung, die Firmungen
der Fisch, die Fische
fi|schen, fischt, fischte, gefischt
fit *(↔ untrainiert, träge)*
die Fit|ness
flach *(↔ steil, bergig)*
die Flä|che, die Flächen
die Flag|ge, die Flaggen
die Flam|me, die Flammen
die Fla|sche, die Flaschen
der Fleck, die Flecken
die Fle|der|maus, die Fledermäuse
fle|hen, fleht, flehte, gefleht
das Fleisch
der Flei|scher, die Fleischer
der Fleiß
flei|ßig *(↔ faul)*
die Flie|ge, die Fliegen
flie|gen, fliegt, flog, geflogen
flie|hen, flieht, floh, geflohen
die Flie|se, die Fliesen
flie|ßen, fließt, floss, geflossen
flit|zen, flitzt, flitzte, geflitzt
die Flo|cke, die Flocken
sie flog (→ fliegen)
sie floh (→ fliehen)
der Floh, die Flöhe
es floss (→ fließen)
das Floß, die Flöße
die Flos|se, die Flossen
die Flö|te, die Flöten
flö|ten, flötet, flötete, geflötet
der Fluch, die Flüche
flu|chen, flucht, fluchte, geflucht
flüch|ten, flüchtet, flüchtete, geflüchtet
der Flücht|ling, die Flüchtlinge
der Flug, die Flüge
der Flü|gel, die Flügel
das Flug|zeug, die Flugzeuge
der Fluss, die Flüsse
flüs|sig
die Flüs|sig|keit, die Flüssigkeiten

flüs|tern, flüstert, flüsterte, geflüstert
die Flut, die Fluten
das Foh|len, die Fohlen
der Föhn, die Föhne
föh|nen, föhnt, föhnte, geföhnt
fol|gen, folgt, folgte, gefolgt
die Fo|lie, die Folien *(ein dünnes Blatt, z.B. aus Kunststoff)*
for|dern, fordert, forderte, gefordert
för|dern, fördert, förderte, gefördert
die For|de|rung, die Forderungen
die För|de|rung, die Förderungen
die Form, die Formen
for|men, formt, formte, geformt
for|schen, forscht, forschte, geforscht
der For|scher, die Forscher
die For|sche|rin, die Forscherinnen
der Förs|ter, die Förster
fort
der Fort|schritt, die Fortschritte
das Fo|to, die Fotos

der Fo|to|ap|pa|rat, die Fotoapparate
der Fo|to|graf, die Fotografen
die Fo|to|gra|fie, die Fotografien
fo|to|gra|fie|ren, fotografiert, fotografierte, fotografiert
die Fo|to|gra|fin, die Fotografinnen
die Fo|to|ko|pie, die Fotokopien
das Foul, die Fouls *(Regelverstoß im Sport)*
der Frach|ter, die Frachter
die Fra|ge, die Fragen
fra|gen, fragt, fragte, gefragt
das Fra|ge|zei|chen, die Fragezeichen
Frank|reich
fran|zö|sisch
er fraß (→ fressen)
die Frat|ze, die Fratzen
die Frau, die Frauen
frech *(↔ brav)*
die Frech|heit, die Frechheiten

A B C D E F G H I J K L M N O P Q R S T U V W X Y Z

frei
das Frei|bad, die Freibäder
die Frei|heit
der Frei|tag, die Freitage
frei|wil|lig *(↔ gezwungen)*
die Frei|zeit
fremd *(↔ bekannt)*
der Frem|de, die Fremden
die Frem|de, die Fremden
fres|sen, frisst, fraß, gefressen
die Freu|de, die Freuden
freu|dig
sich freu|en, freut sich, freute sich, hat sich gefreut
der Freund, die Freunde
die Freun|din, die Freundinnen
freund|lich
die Freund|schaft, die Freundschaften
der Frie|den
der Fried|hof, die Friedhöfe
fried|lich *(↔ kriegerisch)*
frie|ren, friert, fror, gefroren
frisch
der Fri|seur/Fri|sör, die Friseure/Frisöre
die Fri|seu|rin/Fri|sö|rin, die Friseurinnen/Frisörinnen
fri|sie|ren, frisiert, frisierte, frisiert
sie frisst (→ fressen)
die Fri|sur, die Frisuren
froh
fröh|lich *(↔ traurig)*
die Fröh|lich|keit
Fron|leich|nam
er fror (→ frieren)
der Frosch, die Frösche

zu **frei:**

Kleinschreibung:
- freier Eintritt
- Bahn frei!

Großschreibung:
- im Freien

getrennt:
- ein Referat frei halten (= ohne Zettel)

zusammen:
- jemanden freisprechen (bei Gericht)
- einen Brief freimachen (= frankieren)

getrennt *oder* zusammen:
- freihaben *oder* frei haben

der **Frost**
die **Frucht**, die Früchte
fruch|tig
früh *(↔ spät)*
das **Früh|jahr**
der **Früh|ling**, die Frühlinge
früh|lings|haft
das **Früh|stück**, die Frühstücke
früh|stü|cken, frühstückt, frühstückte, gefrühstückt
der **Fuchs**, die Füchse
füh|len, fühlt, fühlte, gefühlt
sie **fuhr** (→ fahren)
er **fuhr ab** (→ abfahren)
sie **fuhr Rad** (→ Rad fahren)
sie **fuhr weg** (→ wegfahren)
füh|ren, führt, führte, geführt
der **Füh|rer|schein**, die Führerscheine
die **Füh|rung**, die Führungen
fül|len, füllt, füllte, gefüllt
der **Fül|ler**, die Füller
die **Fül|lung**, die Füllungen
fünf
fünf|zehn
fünf|zig
der **Funk** *(z.B. in Form von Radio- oder Fernsehprogrammen)*
der **Fun|ke**, die Funken
fun|keln, funkelt, funkelte, gefunkelt
fun|ken, funkt, funkte, gefunkt
die **Funk|ti|on**, die Funktionen
funk|ti|o|nie|ren, funktioniert, funktionierte, funktioniert
für
die **Furcht**
furcht|bar
sich **fürch|ten**, fürchtet sich, fürchtete sich, hat sich gefürchtet
fürch|ter|lich
der **Fuß**, die Füße
der **Fuß|ball**, die Fußbälle
der **Fuß|ball|platz**, die Fußballplätze
der **Fuß|bo|den**, die Fußböden
der **Fuß|gän|ger**, die Fußgänger
das **Fut|ter**
füt|tern, füttert, fütterte, gefüttert
das **Fu|tur** *(Zeitform: Zukunft)*

A B C D E F **G** H I J K L M N O P Q R S T U V W X Y Z

G

sie **gab** (→ geben)
sie **gab an** (→ angeben)
er **gab auf** (→ aufgeben)
sie **gab nach** (→ nachgeben)
die **Ga|bel**, die Gabeln
der **Gag**, die Gags *(englisches Wort für witziger Einfall)*
gäh|nen, gähnt, gähnte, gegähnt
der **Ga|lopp**, die Galopps
es **galt** (→ gelten)
der **Game|boy**, die Gameboys *(ein elektronisches Spielgerät)*
der **Gang**, die Gänge
der **Gangs|ter**, die Gangster *(englisches Wort für Verbrecher)*
die **Gans**, die Gänse
das **Gän|se|blüm|chen**, die Gänseblümchen
ganz, ganze, ganzer
gar nichts
die **Ga|ra|ge**, die Garagen
die **Gar|di|ne**, die Gardinen
das **Garn**, die Garne
der **Gar|ten**, die Gärten
der **Gärt|ner**, die Gärtner
die **Gärt|ne|rei**, die Gärtnereien
die **Gärt|ne|rin**, die Gärtnerinnen
das **Gas**, die Gase
der **Gast**, die Gäste
das **Ge|bäu|de**, die Gebäude
ge|ben, gibt, gab, gegeben
das **Ge|bet**, die Gebete
ge|be|ten (→ bitten)
das **Ge|biet**, die Gebiete
das **Ge|bir|ge**, die Gebirge
das **Ge|biss**, die Gebisse
ge|bis|sen (→ beißen)
ge|blie|ben (→ bleiben)
ge|bo|gen (→ biegen)
ge|bracht (→ bringen)
ge|brannt (→ brennen)

zu **ganz/das Ganze:**

Kleinschreibung:
- ganz und gar
- etwas wieder ganz machen
- in ganz Berlin
- ganz allein

Großschreibung:
- das Ganze
- im Großen und Ganzen

ge|bro|chen (→ brechen)
ge|bun|den (→ binden)
die Ge|burt, die Geburten
der Ge|burts|tag, die Geburtstage
das Ge|büsch, die Gebüsche
ge|dacht (→ denken)
das Ge|dächt|nis, die Gedächtnisse
der Ge|dan|ke, die Gedanken
das Ge|dicht, die Gedichte
die Ge|duld
ge|dul|dig
ge|durft (→ dürfen)
die Ge|fahr, die Gefahren
ge|fähr|lich
ge|fal|len, gefällt, gefiel, gefallen
es ge|fällt (→ gefallen)
das Ge|fäng|nis, die Gefängnisse
das Ge|fäß, die Gefäße
es ge|fiel (→ gefallen)
ge|flo|gen (→ fliegen)
ge|flo|hen (→ fliehen)
ge|flos|sen (→ fließen)
ge|fro|ren (→ frieren)
das Ge|fühl, die Gefühle
ge|fun|den (→ finden)
ge|gan|gen (→ gehen)
ge|gen
der Ge|gen|satz, die Gegensätze
der Ge|gen|stand, die Gegenstände
das Ge|gen|teil, die Gegenteile
ge|gen|über
die Ge|gen|wart
der Geg|ner, die Gegner
die Geg|ne|rin, die Gegnerinnen
ge|gol|ten (→ gelten)
ge|gos|sen (→ gießen)
ge|grif|fen (→ greifen)
ge|habt (→ haben)
das Ge|halt, die Gehälter
ge|han|gen (→ hängen)
das Ge|häu|se, die Gehäuse
das Ge|he|ge, die Gehege
ge|heim
das Ge|heim|nis, die Geheimnisse
ge|hen, geht, ging, gegangen

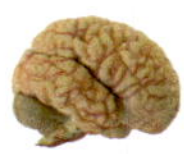

das Ge|hirn, die Gehirne
die Ge|hirn|er|schüt|te|rung, die Gehirnerschütterungen
ge|ho|ben (→ heben)
ge|hol|fen (→ helfen)
das Ge|hör
ge|hor|chen, gehorcht, gehorchte, gehorcht

ge|hö|ren, gehört, gehörte, gehört

der Ge|hor|sam

ge|hor|sam

der Gei|er, die Geier

die Gei|ge, die Geigen

der Geist, die Geister

die Geis|ter|bahn, die Geisterbahnen

gei|zig *(↔ freigebig)*

der Geiz|kra|gen, die Geizkragen

ge|kannt (→ kennen)

ge|klun|gen (→ klingen)

ge|konnt (→ können)

ge|kro|chen (→ kriechen)

das Gel, die Gels

das Ge|län|de

das Ge|län|der, die Geländer

es ge|lang (→ gelingen)

gelb

das Geld, die Gelder

ge|le|gen (→ liegen)

die Ge|le|gen|heit, die Gelegenheiten

das Ge|lenk, die Gelenke

ge|lie|hen (→ leihen)

ge|lin|gen, gelingt, gelang, gelungen

ge|lit|ten (→ leiden)

ge|lo|gen (→ lügen)

gel|ten, gilt, galt, gegolten

ge|lun|gen (→ gelingen)

das Ge|mäl|de, die Gemälde

ge|mein

die Ge|mein|de, die Gemeinden

die Ge|mein|heit, die Gemeinheiten

ge|mein|sam

die Ge|mein|schaft, die Gemeinschaften

ge|mocht (→ mögen)

zu **gelb/Gelb:**

Kleinschreibung:
- ein gelber Vogel

Großschreibung:
- das Gelbe vom Ei
- Die Ampel dort steht auf Gelb.
- die Gelben Rüben (= Möhren)

getrennt *oder* zusammen:
- eine gelbgestreifte *oder* gelb gestreifte Hose
- den Zaun gelbstreichen *oder* gelb streichen

das Ge|mü|se
ge|musst (→ müssen)
ge|müt|lich
ge|nannt (→ nennen)
ge|nau
ge|nau|so
die Ge|ne|ra|ti|on, die Generationen
das Ge|nick, die Genicke
ge|nie|ßen, genießt, genoss, genossen
der Ge|ni|tiv *(2. Fall)*
ge|nom|men (→ nehmen)
sie ge|noss (→ genießen)
ge|nos|sen (→ genießen)
ge|nug
ge|nü|gend
die Geo|gra|fie *(Erdkunde)*
die Geo|met|rie (Geo|me|trie)
das Ge|päck
ge|pfif|fen (→ pfeifen)
ge|ra|de
ge|rannt (→ rennen)
er ge|rät (→ geraten)
das Ge|rät, die Geräte
ge|ra|ten, gerät, geriet, geraten
das Ge|räusch, die Geräusche
ge|recht
die Ge|rech|tig|keit
das Ge|richt, die Gerichte
ge|rie|ben (→ reiben)
sie ge|riet (→ geraten)
ge|ring
ge|rin|gelt
ge|ris|sen (→ reißen)
ge|rit|ten (→ reiten)
gern
ge|ro|chen (→ riechen)
der Ge|ruch, die Gerüche
ge|sandt (→ senden)
der Ge|sang, die Gesänge
das Ge|schäft, die Geschäfte
es ge|schah (→ geschehen)

zu **gerade:**

getrennt:
- Wir sollen uns gerade halten.
- Du musst immer gerade stehen und gerade sitzen!

getrennt *oder* zusammen:
- einen schiefen Zaun geraderichten *oder* gerade richten
- krumme Stäbe geradebiegen *oder* gerade biegen

A B C D E F G H I J K L M N O P Q R S T U V W X Y Z

ge|sche|hen, geschieht, geschah, geschehen
das Ge|schenk, die Geschenke
die Ge|schich|te, die Geschichten
ge|schickt
es ge|schieht (→ geschehen)
ge|schie|nen (→ scheinen)
das Ge|schirr
das Ge|schlecht, die Geschlechter
ge|schli|chen (→ schleichen)
ge|schlos|sen (→ schließen)
der Ge|schmack, die Geschmäcker
ge|schmis|sen (→ schmeißen)
ge|schmol|zen (→ schmelzen)
ge|schnit|ten (→ schneiden)
ge|scho|ben (→ schieben)
ge|schos|sen (→ schießen)
das Ge|schrei
ge|schrie|ben (→ schreiben)
ge|schrien (→ schreien)
ge|schwie|gen (→ schweigen)
die Ge|schwin|dig|keit, die Geschwindigkeiten
die Ge|schwis|ter
ge|schwom|men (→ schwimmen)
ge|schwo|ren (→ schwören)
ge|schwun|gen (→ schwingen)
ge|sel|lig
die Ge|sell|schaft, die Gesellschaften
ge|ses|sen (→ sitzen)
das Ge|setz, die Gesetze
ge|setz|lich
das Ge|sicht, die Gesichter
das Ge|spenst, die Gespenster
ge|spens|tisch
ge|spon|nen (→ spinnen)
das Ge|spräch, die Gespräche
ge|spro|chen (→ sprechen)
ge|sprun|gen (→ springen)
die Ge|stalt, die Gestalten
ge|stan|den (→ stehen)
der Ge|stank
ges|tern
ge|stie|gen (→ steigen)
ge|sto|chen (→ stechen)
ge|stoh|len (→ stehlen)
ge|stor|ben (→ sterben)
ge|stri|chen (→ streichen)

ge|strit|ten (→ streiten)
ge|stun|ken (→ stinken)
ge|sund, gesünder, am gesündesten *(↔ krank)*
die Ge|sund|heit
ge|sun|gen (→ singen)
ge|sun|ken (→ sinken)
ge|tan (→ tun)
das Ge|tränk, die Getränke
das Ge|trei|de
ge|trie|ben (→ treiben)
ge|trof|fen (→ treffen)
ge|trun|ken (→ trinken)
das Ge|wächs, die Gewächse
die Ge|walt
sie ge|wann (→ gewinnen)
das Ge|wäs|ser, die Gewässer
das Ge|wehr, die Gewehre
das Ge|weih, die Geweihe

ge|we|sen (→ sein)
das Ge|wicht, die Gewichte
ge|win|nen, gewinnt, gewann, gewonnen
das Ge|wis|sen
das Ge|wit|ter, die Gewitter
ge|wo|gen (→ wiegen)
ge|wohnt
ge|won|nen (→ gewinnen)
ge|wor|ben (→ werben)
ge|wor|den (→ werden)
ge|wor|fen (→ werfen)
das Ge|würz, die Gewürze
ge|wusst (→ wissen)
die Ge|zei|ten *(Ebbe und Flut)*
ge|zo|gen (→ ziehen)
ge|zwun|gen (→ zwingen)
er gibt (→ geben)
er gibt an (→ angeben)
sie gibt auf (→ aufgeben)
er gibt nach (→ nachgeben)
die Gier
gie|rig *(↔ bescheiden)*
gie|ßen, gießt, goss, gegossen
die Gieß|kan|ne, die Gießkannen
das Gift, die Gifte
gif|tig
es gilt (→ gelten)
sie ging (→ gehen)
sie ging vor (→ vorgehen)
er ging weg (→ weggehen)
der Gip|fel, die Gipfel
der Gips, die Gipse
die Gi|raf|fe, die Giraffen
die Gir|lan|de, die Girlanden
die Gi|tar|re, die Gitarren
das Git|ter, die Gitter
der Glanz
glän|zen, glänzt, glänzte, geglänzt
das Glas, die Gläser

A B C D E F **G** H I J K L M N O P Q R S T U V W X Y Z

glatt *(↔ rau)*
die Glat|ze, die Glatzen
der Glau|be
glau|ben, glaubt, glaubte, geglaubt
gleich
das Gleich|ge|wicht
gleich|gül|tig
gleich|zei|tig
der Glet|scher, die Gletscher
das Glied, die Glieder
glit|zern, glitzert, glitzerte, geglitzert
der Glo|bus, die Globen *(verkleinerte Nachbildung der Erdkugel)*
die Glo|cke, die Glocken

das Glück
glück|lich
glü|hen, glüht, glühte, geglüht
die Glut
die Gna|de, die Gnaden
gnä|dig
das Gold
gol|den
der Gold|fisch, die Goldfische
das Golf *(eine Sportart)*
der Go|ril|la, die Gorillas
er goss (→ gießen)
der Gott, die Götter
das Grab, die Gräber
der Gra|ben, die Gräben
gra|ben, gräbt, grub, gegraben
der Grab|stein, die Grabsteine
sie gräbt (→ graben)
das Grad, 3 Grad Celcius *(Temperatureinheit)*
das Gramm, 5 Gramm
die Gram|ma|tik *(Lehre von der Sprache)*
das Gras, die Gräser
gra|tis *(umsonst, ohne Bezahlung)*

zu **gleich/Gleiches:**

Kleinschreibung:
- gleich große Kuchenstücke
- Alle Menschen sind gleich.
- Er kommt gleich.

Großschreibung:
- Das ist doch das Gleiche!
- Gleiches mit Gleichem vergelten
- Gleich und Gleich gesellt sich gern.

die **Gra|tu|la|ti|on,** die Gratulationen *(Beglückwünschung)*

gra|tu|lie|ren, gratuliert, gratulierte, gratuliert

grau

grau|en|haft

grau|sam

die **Grau|sam|keit,** die Grausamkeiten

grei|fen, greift, griff, gegriffen

der **Greis,** die Greise *(sehr alter Mann)*

die **Grei|sin,** die Greisinnen *(sehr alte Frau)*

die **Gren|ze,** die Grenzen

Grie|chen|land

grie|chisch

der **Grieß**

er **griff** (→ greifen)

sie **griff an** (→ angreifen)

der **Griff,** die Griffe

der **Grill,** die Grills

die **Gril|le,** die Grillen

gril|len, grillt, grillte, gegrillt

die **Gri|mas|se,** die Grimassen

grin|sen, grinst, grinste, gegrinst

die **Grip|pe**

groß, größer, am größten

zu **groß/Großes:**

Kleinschreibung:
- die großen Ferien
- Inas Hunger war am größten.
- etwas an die große Glocke hängen

Großschreibung:
- im Großen und Ganzen
- etwas Lustiges für Groß und Klein
- Du bist der Größte!
- Schau mal, am Himmel steht der Große Wagen!

getrennt *oder* zusammen:
- Ich will auf diesem Plakat groß schreiben. (= mit großer Schrift)
- Ich muss meinen Namen großschreiben. (= mit großem Anfangsbuchstaben)

Groß|bri|tan|ni|en

die Groß|el|tern

er grub (→ graben)

grü|beln, grübelt, grübelte, gegrübelt

grün

der Grund, die Gründe

grün|den, gründet, gründete, gegründet

die Grund|schu|le, die Grundschulen

das Grund|stück, die Grundstücke

grun|zen, grunzt, grunzte, gegrunzt

die Grup|pe, die Gruppen

gru|se|lig

der Gruß, die Grüße

grü|ßen, grüßt, grüßte, gegrüßt

gu|cken, guckt, guckte, geguckt

gül|tig

das Gum|mi|bär|chen, die Gummibärchen

gur|geln, gurgelt, gurgelte, gegurgelt

die Gur|ke, die Gurken

der Gür|tel, die Gürtel

gut, besser, am besten *(↔ schlecht, böse)*

die Gü|te

gü|tig

das Gym|na|si|um, die Gymnasien *(eine Schulform der weiterführenden Schule)*

die Gym|nas|tik *(Turnübungen)*

zu **gut/Gutes:**

Kleinschreibung:
- ein guter Rat
- gut vorbereitet sein

Großschreibung:
- Alles Gute!
- jenseits von Gut und Böse

getrennt *oder* zusammen:
- ein gutgemeinter Rat *oder* ein gut gemeinter Rat
- ein gutaussehender Sänger *oder* ein gut aussehender Sänger

A B C D E F G **H** I J K L M N O P Q R S T U V W X Y Z

H

das **Haar**, die Haare
ha|ben, hat, hatte, gehabt
ha|cken, hackt, hackte, gehackt
der **Ha|cker**, die Hacker *(Mensch, der beruflich oder illegal in fremde Computersysteme eindringt)*
der **Ha|fen**, die Häfen
der **Ha|fer**
die **Ha|fer|flo|cke**, die Haferflocken
die **Haft**
der **Häft|ling**, die Häftlinge
der **Ha|gel**
ha|geln, hagelt, hagelte, gehagelt
der **Hahn**, die Hähne
der **Hai**, die Haie
der **Ha|ken**, die Haken
halb
hal|be, halber, halbes
hal|bie|ren, halbiert, halbierte, halbiert
sie **half** (→ helfen)
die **Hälf|te**, die Hälften
die **Hal|le**, die Hallen
hal|lo! *(Ausruf zur Begrüßung)*
das **Hal|lo|ween**
der **Hals**, die Hälse
er **hält** (→ halten)
sie **hält an** (→ anhalten)
halt|bar

zu **halb/Halbes:**

Kleinschreibung:
- Es ist halb zwei.

Großschreibung:
- nichts Halbes und nichts Ganzes
- Der Bayer bestellte eine Halbe. (= eine halbe Maß Bier)

zusammen:
- halbbittere Schokolade
- Die Fähre fährt halbstündlich.

getrennt *oder* zusammen:
- ein halbvolles *oder* halb volles Glas
- Der alte Hund ist halbblind *oder* halb blind.

hal|ten, hält, hielt, gehalten
die Hal|te|stel|le, die Haltestellen
Ham|burg
der Ham|bur|ger, die Hamburger
der Ham|mer, die Hammer
der Hams|ter, die Hamster
die Hand, die Hände
han|deln, handelt, handelte, gehandelt

der Händ|ler, die Händler
die Hand|lung, die Handlungen
der Hand|stand
das Hand|tuch, die Handtücher
der Hand|wer|ker, die Handwerker
die Hand|wer|ke|rin, die Handwerkerinnen
das Han|dy, die Handys *(Mobiltelefon)*
der Hang, die Hänge
hän|gen, hängt, hing, gehangen
hap|py *(englisches Wort für glücklich)*
die Hard|ware *(Sammelbegriff für die elektronischen Bauteile eines Computers, zu denen z.B. die Festplatte gehört)*
die Har|ke, die Harken
har|ken, harkt, harkte, geharkt
hart, härter, am härtesten *(↔ weich)*
die Här|te, die Härten
der Ha|se, die Hasen
die Ha|sel|nuss, die Haselnüsse
der Hass
has|sen, hasst, hasste, gehasst
häss|lich *(↔ schön)*
die Hast *(Eile)*
has|ten, hastet, hastete, gehastet
er hat (→ haben)
sie hat|te (→ haben)
der Hau|fen, die Haufen
häu|fig *(↔ selten)*
das Haupt, die Häupter
der Häupt|ling, die Häuptlinge
die Haupt|sa|che
die Haupt|schu|le, die Hauptschulen *(eine Schulform der weiterführenden Schule)*
die Haupt|stadt, die Hauptstädte
das Haus, die Häuser
die Haus|auf|ga|be, die Hausaufgaben

der Haus|halt, die Haushalte
der Haus|meis|ter, die Hausmeister
die Haus|meis|te|rin, die Hausmeisterinnen
das Haus|tier, die Haustiere
die Haut, die Häute
der He|bel, die Hebel
he|ben, hebt, hob, gehoben
die He|cke, die Hecken

zu **Haus:**

getrennt *oder* zusammen:
- nach Hause *oder* nachhause
- zu Hause *oder* zuhause

zu **heilig/Heilig:**

Kleinschreibung:
- die heilige Taufe
- der heilige Laurentius

Großschreibung:
- die Heilige Schrift
- die Heiligen Drei Könige
- der Heilige Geist

das Heer, die Heere
die He|fe
das Heft, die Hefte
der Hef|ter, die Hefter
hef|tig
heil *(↔ zerstört)*
hei|len, heilt, heilte, geheilt
hei|lig
Hei|lig|abend
das Heim, die Heime
die Hei|mat
heim|lich
das Heim|weh
hei|ra|ten, heiratet, heiratete, geheiratet
hei|ser
heiß *(↔ kalt)*
hei|ßen, heißt, hieß, geheißen
hei|zen, heizt, heizte, geheizt
die Hei|zung, die Heizungen
der Held, die Helden
die Hel|din, die Heldinnen
hel|fen, hilft, half, geholfen
hell *(↔ dunkel, duster)*
der Helm, die Helme
das Hemd, die Hemden
der Hengst, die Hengste
die Hen|ne, die Hennen
her

A B C D E F G **H** I J K L M N O P Q R S T U V W X Y Z

he|rab (her|ab)
he|ran (her|an)
he|rauf (her|auf)
he|raus (her|aus)
her|bei
der Herbst, die Herbste
herbst|lich
der Herd, die Herde
die Her|de, die Herden
he|rein (her|ein)
der He|ring, die Heringe
der Herr, die Herren
herr|lich
herr|schen, herrscht, herrschte, geherrscht
der Herr|scher, die Herrscher
die Herr|sche|rin, die Herrscherinnen
her|stel|len, stellt her, stellte her, hergestellt
die Her|stel|lung
he|rum (her|um)
he|run|ter (her|un|ter)
her|vor
das Herz, die Herzen
herz|lich
Hes|sen
die Het|ze
het|zen, hetzt, hetzte, gehetzt
das Heu
heu|len, heult, heulte, geheult
heu|te
die He|xe, die Hexen
he|xen, hext, hexte, gehext
hi! *(Ausruf zur Begrüßung)*
er hielt (→ halten)
sie hielt an (→ anhalten)
hier
er hieß (→ heißen)
die Hil|fe, die Hilfen
sie hilft (→ helfen)
die Him|bee|re, die Himbeeren
der Him|mel, die Himmel
himm|lisch *(↔ irdisch)*
hin
hi|naus (hin|aus)
das Hin|der|nis, die Hindernisse
der Hin|du|is|mus *(eine Religion)*
hi|nein (hin|ein)
hin|fal|len, fällt hin, fiel hin, hingefallen
er hing (→ hängen)
hin|le|gen, legt hin, legte hin, hingelegt
sich hin|set|zen, setzt sich hin, setzte sich hin, hat sich hingesetzt
hin|stel|len, stellt hin, stellte hin, hingestellt

hin|ten
hin|ter
der Hin|ter|grund, die Hintergründe
hin|ter|her
der Hin|tern, die Hintern
hi|nü|ber (hin|ü|ber)
hin|zu
der Hirsch, die Hirsche
die Hit|ze
er hob (→ heben)
das Hob|by, die Hobbys *(englisches Wort für Freizeitbeschäftigung)*
hoch, höher, am höchsten *(↔ niedrig)*
die Hoch|zeit, die Hochzeiten
ho|cken, hockt, hockte, gehockt
der Ho|cker, die Hocker
der Ho|den, die Hoden
der Hof, die Höfe
hof|fen, hofft, hoffte, gehofft
hof|fent|lich
die Hoff|nung, die Hoffnungen
die Höf|lich|keit
die Hö|he, die Höhen
hohl
die Höh|le, die Höhlen
ho|len, holt, holte, geholt
die Höl|le
das Holz, die Hölzer
die Home|page, die Homepages *(im Internet aufrufbare Seite)*
der Ho|nig, die Honige
hop|sen, hopst, hopste, gehopst
hö|ren, hört, hörte, gehört
der Ho|ri|zont, die Horizonte
das Horn, die Hörner

zu **hoch:**

getrennt:
- Er kann sehr hoch springen.
- Der Gepäckträger ist hoch beladen.

zusammen:
- hochspringen (= Hochsprung betreiben)
- hochstapeln (= angeben)

getrennt *oder* zusammen:
- eine hochkompli-z-ierte *oder* hoch komplizierte Rechenaufgabe

das Ho|ros|kop (Ho|ro|skop), die Horoskope *(Versuch einer Zukunftsvoraussage anhand der Stellung der Planeten)*
die Ho|se, die Hosen
das Ho|tel, die Hotels
hübsch
der Hub|schrau|ber, die Hubschrauber

der Huf, die Hufe
das Huf|ei|sen, die Hufeisen
die Hüf|te, die Hüften
der Hü|gel, die Hügel
das Huhn, die Hühner
die Hül|le, die Hüllen
die Hum|mel, die Hummeln
hum|peln, humpelt, humpelte, gehumpelt
der Hund, die Hunde
hun|dert, hunderte
der Hun|ger
hung|rig *(↔ satt)*
die Hu|pe, die Hupen
hu|pen, hupt, hupte, gehupt
hüp|fen, hüpft, hüpfte, gehüpft
der Hus|ten
hus|ten, hustet, hustete, gehustet
der Hut, die Hüte
die Hüt|te, die Hütten

I

der ICE, die ICEs *(Abkürzung für Intercityexpresszug)*
ich
ide|al
die Idee, die Ideen
der Idi|ot, die Idioten
idi|o|tisch
der Igel, die Igel

das Ig|lu, die Iglus
ihm
ihn
ih|nen
ihr
ih|re, ihrer, ihres
die Il|lus|tra|ti|on (Il|lust|ra|ti|on), die Illustrationen
der Il|lus|tra|tor (Il|lust|ra|tor), die Illustratoren
die Il|lus|tra|to|rin (Il|lust|ra|to|rin), die Illustratorinnen
der Il|tis, die Iltisse
im

der Im|ker, die Imker
im|mer
das Im|per|fekt *(Zeitform: Präteritum)*
imp|fen, impft, impfte, geimpft
die Imp|fung, die Impfungen
in
der In|di|a|ner, die Indianer
die In|dus|trie (In|dust|rie), die Industrien
die In|fek|ti|on, die Infektionen *(Ansteckung mit einer Krankheit)*
der In|fi|ni|tiv *(Grundform des Tunworts)*
die In|for|ma|ti|on, die Informationen
in|for|mie|ren, informiert, informierte, informiert
der In|ge|ni|eur, die Ingenieure
die In|ge|ni|eu|rin, die Ingenieurinnen
der In|halt, die Inhalte
der In|li|ner, die Inliner

in|nen
in|ner|halb
ins
das In|sekt, die Insekten
die In|sel, die Inseln
das Ins|tru|ment (In|stru|ment), die Instrumente
in|tel|li|gent
die In|tel|li|genz
in|te|res|sant (in|ter|es|sant) *(↔ langweilig)*
das In|te|res|se (In|ter|es|se), die Interessen
in|ter|na|ti|o|nal
das In|ter|net *(weltweites Computernetzwerk)*
das In|ter|view, die Interviews *(Befragung einer Person, z.B. durch einen Reporter)*
die Inu|it *(Selbstbezeichnung der Eskimos; übersetzt heißt das Wort „Menschen“)*
in|zwi|schen
ir|gend|et|was

zu **irgend:**

getrennt:
- irgend so ein Buch
- irgend so jemand

zusammen:
- irgendein Buch
- irgendjemand

A B C D E F G H I J K L M N O P Q R S T U V W X Y Z

ir|gend|wann
ir|gend|wie
ir|gend|wo
irisch
Ir|land
sich ir|ren, irrt sich, irrte sich, hat sich geirrt
der Irr|gar|ten, die Irrgärten
der Irr|tum, die Irrtümer
der Is|lam *(eine Religion)*
sie isst (→ essen)
sie ist (→ sein)
Ita|li|en
ita|li|e|nisch

J

ja
die Ja|cke, die Jacken
die Jagd, die Jagden
ja|gen, jagt, jagte, gejagt
der Jä|ger, die Jäger
die Jä|ge|rin, die Jägerinnen
das Jahr, die Jahre
das Jahr|hun|dert, die Jahrhunderte
jähr|lich
der Jahr|markt, die Jahrmärkte
das Jahr|tau|send, die Jahrtausende
das Jahr|zehnt, die Jahrzehnte
der Jam|mer
jäm|mer|lich
jam|mern, jammert, jammerte, gejammert
der Ja|nu|ar
Ja|pan
ja|pa|nisch
ja|wohl
der Jazz *(eine Musikrichtung)*
die Jeans, die Jeans
je|de, jeder, jedes
je|den|falls
je|doch
der Jeep, die Jeeps *(ein Geländewagen)*
je|mand, jemanden

zu **ja/Ja:**

Kleinschreibung:
- aber ja
- jaja
- ach ja

Großschreibung:
- mit Ja antworten
- das Ja und Nein

Je|sus *(Sohn Gottes im Christentum)*
jetzt
der Job, die Jobs *(englisches Wort für Arbeit, Arbeitsstelle)*
jo|deln, jodelt, jodelte, gejodelt
jog|gen, joggt, joggte, gejoggt
der Jo|gurt, die Jogurts
die Jo|han|nis|bee|re, die Johannisbeeren
jong|lie|ren, jongliert, jonglierte, jongliert
der Jour|na|list, die Journalisten *(Mann, der beruflich für die Presse schreibt, z.B. für eine Zeitung oder das Fernsehen)*
die Jour|na|lis|tin, die Journalistinnen
ju|beln, jubelt, jubelte, gejubelt
ju|cken, juckt, juckte, gejuckt
der Ju|de, die Juden
das Ju|den|tum *(eine Religion)*
die Jü|din, die Jüdinnen
das Ju|do *(eine Sportart)*
die Ju|gend
die Ju|gend|her|ber|ge, die Jugendherbergen
ju|gend|lich
der Ju|gend|li|che, die Jugendlichen
die Ju|gend|li|che, die Jugendlichen
die Ju|gend|wei|he, die Jugendweihen *(feierliche Veranstaltung beim Übergang der Jugendlichen in das Erwachsenenleben)*
der Ju|li
jung, jünger, am jüngsten *(↔ alt)*
der Jun|ge, die Jungen
der Ju|ni
die Ju|ry, die Jurys
das Ju|wel, die Juwelen

K

das Ka|bel, die Kabel
die Ka|bi|ne, die Kabinen
die Ka|chel, die Kacheln
der Kä|fer, die Käfer
der Kaf|fee, die Kaffees
der Kä|fig, die Käfige
kahl

A B C D E F G H I **J** **K** L M N O P Q R S T U V W X Y Z

der **Kahn**, die Kähne
der **Kai|ser**, die Kaiser
die **Kai|se|rin**, die Kaiserinnen
der **Ka|kao**, die Kakaos

der **Kak|tus**, die Kakteen
das **Kalb**, die Kälber
der **Ka|len|der**, die Kalender
der **Kalk**
kalt, kälter, am kältesten *(↔ warm)*
die **Käl|te**
er **kam** (→ kommen)
das **Ka|mel**, die Kamele
die **Ka|me|ra**, die Kameras
der **Ka|me|rad**, die Kameraden
die **Ka|me|ra|din**, die Kameradinnen
der **Ka|min**, die Kamine
der **Kamm**, die Kämme
käm|men, kämmt, kämmte, gekämmt
die **Kam|mer**, die Kammern
der **Kampf**, die Kämpfe
kämp|fen, kämpft, kämpfte, gekämpft
der **Ka|nal**, die Kanäle
der **Ka|na|ri|en|vo|gel**, die Kanarienvögel
das **Kän|gu|ru**, die Kängurus
das **Ka|nin|chen**, die Kaninchen
der **Ka|nis|ter**, die Kanister
sie **kann** (→ können)
die **Kan|ne**, die Kannen
er **kann|te** (→ kennen)
der **Ka|non**, die Kanons
die **Ka|no|ne**, die Kanonen
die **Kan|te**, die Kanten
der **Kanz|ler**, die Kanzler
die **Kanz|le|rin**, die Kanzlerinnen
die **Ka|pel|le**, die Kapellen
ka|pie|ren, kapiert, kapierte, kapiert
der **Ka|pi|tän**, die Kapitäne
das **Ka|pi|tel**, die Kapitel
die **Kap|pe**, die Kappen
ka|putt *(↔ heil, ganz)*
die **Ka|pu|ze**, die Kapuzen

das **Ka|ra|te** *(japanische Kampfform, bei der es um waffenlose Selbstverteidigung geht)*
der **Kar|frei|tag**, die Karfreitage
ka|riert
der **Ka|ri|es** *(Zahnkrankheit)*
der **Kar|ne|val**, die Karnevals
die **Ka|rot|te**, die Karotten
der **Karp|fen**, die Karpfen
die **Kar|re**, die Karren
die **Kar|te**, die Karten

die **Kar|tof|fel**, die Kartoffeln
der **Kar|ton**, die Kartons
das **Ka|rus|sell**, die Karussells
der **Kä|se**
der **Kas|per**, die Kasper
die **Kas|se**, die Kassen
die **Kas|set|te**, die Kassetten
der **Kas|set|ten|re|kor|der**, die Kassettenrekorder
die **Kas|ta|nie**, die Kastanien
der **Ka|ta|log**, die Kataloge
der **Ka|ta|ly|sa|tor**, die Katalysatoren *(Gerät zur Abgasreinigung beim Auto)*

zu **kaputt:**

getrennt:
- kaputt sein: Das Spielzeug ist kaputt.

zusammen:
- Wir haben uns kaputtgelacht.

getrennt *oder* zusammen:
- Paul hat das Spielzeug kaputtgemacht *oder* kaputt gemacht.

die **Ka|tas|tro|phe** (**Ka|ta|stro|phe**), die Katastrophen *(ein großes Unglück)*
der **Ka|ter**, die Kater
ka|tho|lisch
die **Kat|ze**, die Katzen
kau|en, kaut, kaute, gekaut
kau|fen, kauft, kaufte, gekauft
der **Kau|gum|mi**, die Kaugummis
die **Kaul|quap|pe**, die Kaulquappen
kaum
der **Ke|gel**, die Kegel
ke|geln, kegelt, kegelte, gekegelt
keh|ren, kehrt, kehrte, gekehrt
der **Keil**, die Keile
kei|men, keimt, keimte, gekeimt
kein, keine, keiner
der **Keks**, die Kekse
der **Kel|ler**, die Keller
der **Kell|ner**, die Kellner
die **Kell|ne|rin**, die Kellnerinnen
ken|nen, kennt, kannte, gekannt

A B C D E F G H I J **K** L M N O P Q R S T U V W X Y Z

der **Kerl**, die Kerle
der **Kern**, die Kerne
die **Ker|ze**, die Kerzen
der **Kes|sel**, die Kessel
der **Ket|schup (Ketsch|up)**, die Ketschups
die **Ket|te**, die Ketten
keu|chen, keucht, keuchte, gekeucht
der **Keuch|hus|ten**
das **Key|board**, die Keyboards *(ein elektronisches Tasteninstrument)*

ki|chern, kichert, kicherte, gekichert
der **Kie|fer**, die Kiefer *(ein Schädelknochen)*
die **Kie|fer**, die Kiefern *(ein Nadelbaum)*
der **Kies**
das **Ki|lo|gramm**, 5 Kilogramm
der **Ki|lo|me|ter**, 20 Kilometer
das **Kind**, die Kinder
der **Kin|der|gar|ten**, die Kindergärten
das **Kin|der|zim|mer**, die Kinderzimmer
kind|lich
das **Kinn**, die Kinne
das **Ki|no**, die Kinos
der **Ki|osk**, die Kioske
kip|pen, kippt, kippte, gekippt
die **Kir|che**, die Kirchen
die **Kir|sche**, die Kirschen
das **Kis|sen**, die Kissen
die **Kis|te**, die Kisten
der **Kit|tel**, die Kittel
kit|zeln, kitzelt, kitzelte, gekitzelt
die **Kla|ge**, die Klagen
kla|gen, klagt, klagte, geklagt
der **Klä|ger**, die Kläger
die **Klä|ge|rin**, die Klägerinnen
die **Klam|mer**, die Klammern
klam|mern, klammert, klammerte, geklammert
sie **klang** (→ klingen)
die **Klap|pe**, die Klappen
klap|pen, klappt, klappte, geklappt
klap|pern, klappert, klapperte, geklappert
der **Klaps**, die Klapse
klar
die **Klär|an|la|ge**, die Kläranlagen
klä|ren, klärt, klärte, geklärt
die **Klar|heit**
die **Klas|se**, die Klassen

zu **klar/im Klaren:**

Kleinschreibung:
- klares Wasser
- Wir hatten klare Sicht bis zu den Alpen.
- Das ist doch klar!

Großschreibung:
- sich über etwas im Klaren sein

zu **klein/Kleines:**

Kleinschreibung:
- ein kleines Kind
- ein klein wenig
- von klein auf

Großschreibung:
- das Kleingedruckte
- Groß und Klein
- die lieben Kleinen

getrennt *oder* zusammen:
- Auf dem winzigen Zettel musste ich klein schreiben. (= in kleiner Schrift)
- Wiewörter muss man kleinschreiben. (= mit kleinem Anfangsbuchstaben)

die Klas|sen|fahrt, die Klassenfahrten
der Klas|sen|ka|me|rad, die Klassenkameraden
die Klas|sen|ka|me|ra|din, die Klassenkameradinnen
der Klas|sen|leh|rer, die Klassenlehrer
die Klas|sen|leh|re|rin, die Klassenlehrerinnen
der Klas|sen|raum, die Klassenräume
der Klas|sen|spre|cher, die Klassensprecher
klat|schen, klatscht, klatschte, geklatscht
klau|en, klaut, klaute, geklaut
das Kla|vier, die Klaviere
kle|ben, klebt, klebte, geklebt
der Kleb|stoff, die Klebstoffe
kle|ckern, kleckert, kleckerte, gekleckert
der Klecks, die Kleckse
der Klee
das Klee|blatt, die Kleeblätter
das Kleid, die Kleider
der Klei|der|schrank, die Kleiderschränke
klein *(↔ groß)*

A B C D E F G H I J **K** L M N O P Q R S T U V W X Y Z

A B C D E F G H I J **K** L M N O P Q R S T U V W X Y Z

die **Klei|nig|keit,** die Kleinigkeiten
klem|men, klemmt, klemmte, geklemmt
die **Klet|te,** die Kletten
klet|tern, klettert, kletterte, geklettert
das **Kli|ma**
die **Klin|gel,** die Klingeln
klin|geln, klingelt, klingelte, geklingelt
klin|gen, klingt, klang, geklungen
die **Kli|nik,** die Kliniken
die **Klin|ke,** die Klinken
die **Klip|pe,** die Klippen
klir|ren, klirrt, klirrte, geklirrt
das **Klo,** die Klos
klop|fen, klopft, klopfte, geklopft
der **Kloß,** die Klöße
das **Klos|ter,** die Klöster
der **Klotz,** die Klötze
klug, klüger, am klügsten *(↔ dumm)*
die **Klug|heit**
knab|bern, knabbert, knabberte, geknabbert
das **Knä|cke|brot,** die Knäckebrote
kna|cken, knackt, knackte, geknackt
der **Knall,** die Knalle
knal|len, knallt, knallte, geknallt
der **Knecht,** die Knechte
die **Kne|te**
kne|ten, knetet, knetete, geknetet
kni|cken, knickt, knickte, geknickt
der **Knicks,** die Knickse
das **Knie,** die Knie
knir|schen, knirscht, knirschte, geknirscht
knis|tern, knistert, knisterte, geknistert
der **Knob|lauch**
der **Kno|chen,** die Knochen
der **Knopf,** die Knöpfe
die **Knos|pe,** die Knospen
der **Kno|ten,** die Knoten
der **Koch,** die Köche
ko|chen, kocht, kochte, gekocht
die **Kö|chin,** die Köchinnen
der **Kof|fer,** die Koffer
der **Kohl**
die **Koh|le,** die Kohlen
die **Ko|kos|nuss,** die Kokosnüsse

ko|misch
das Kom|ma, die Kommas *(ein Satzzeichen)*
kom|man|die|ren, kommandiert, kommandierte, kommandiert
das Kom|man|do, die Kommandos
kom|men, kommt, kam, gekommen
der Kom|mis|sar, die Kommissare
die Kom|mis|sa|rin, die Kommissarinnen
die Kom|mo|de, die Kommoden
die Kom|mu|ni|on, die Kommunionen
der Kom|pass, die Kompasse

kom|plett
kom|pli|ziert *(↔ einfach)*
kom|po|nie|ren, komponiert, komponierte, komponiert
der Kom|po|nist, die Komponisten
die Kom|po|nis|tin, die Komponistinnen
der Kom|post
die Kon|fir|ma|ti|on, die Konfirmationen
die Kon|fi|tü|re, die Konfitüren *(Marmelade mit Fruchtstückchen)*
der Kö|nig, die Könige
die Kö|ni|gin, die Königinnen
kö|nig|lich
kön|nen, kann, konnte, gekonnt
er konn|te (→ können)
die Kon|ser|ve, die Konserven
die Kon|ser|ven|büch|se, die Konservenbüchsen

der Kon|so|nant, die Konsonanten *(Mitlaut)*
der Kon|takt, die Kontakte
der Kon|ti|nent, die Kontinente *(Erdteil, z.B. Afrika)*
das Kon|to, die Konten
die Kon|trol|le (Kont|rol|le), die Kontrollen
kon|trol|lie|ren (kont|rol|lie|ren), kontrolliert, kontrollierte, kontrolliert
die Kon|zen|tra|ti|on (Kon|zent|ra|ti|on)

A B C D E F G H I J K L M N O P Q R S T U V W X Y Z

sich **kon|zen|trie|ren (kon|zent|rie|ren),** konzentriert sich, konzentrierte sich, hat sich konzentriert
das **Kon|zert,** die Konzerte
der **Kopf,** die Köpfe
der **Kopf|hö|rer,** die Kopfhörer
die **Ko|pie,** die Kopien
ko|pie|ren, kopiert, kopierte, kopiert
der **Korb,** die Körbe
der **Kor|ken,** die Korken
der **Kör|per,** die Körper
die **Kor|rek|tur,** die Korrekturen
kor|ri|gie|ren, korrigiert, korrigierte, korrigiert
kost|bar *(↔ wertlos)*
die **Kos|ten**
kos|ten, kostet, kostete, gekostet
das **Kos|tüm,** die Kostüme
krab|beln, krabbelt, krabbelte, gekrabbelt
der **Krach**
kra|chen, kracht, krachte, gekracht
kräch|zen, krächzt, krächzte, gekrächzt
die **Kraft,** die Kräfte
kräf|tig *(↔ schwach)*
der **Kra|gen,** die Kragen
die **Krä|he,** die Krähen
die **Kral|le,** die Krallen

der **Kram**
kra|men, kramt, kramte, gekramt
der **Kran,** die Kräne
krank, kränker, am kränksten *(↔ gesund)*
das **Kran|ken|haus,** die Krankenhäuser
der **Kran|ken|pfle|ger,** die Krankenpfleger
die **Kran|ken|schwes|ter,** die Krankenschwestern
der **Kran|ken|wa|gen,** die Krankenwagen
die **Krank|heit,** die Krankheiten
der **Kranz,** die Kränze
der **Kra|ter,** die Krater
krat|zen, kratzt, kratzte, gekratzt
das **Kraut,** die Kräuter
die **Kra|wat|te,** die Krawatten
der **Krebs,** die Krebse
die **Krei|de,** die Kreiden
der **Kreis,** die Kreise
der **Krei|sel,** die Kreisel
das **Kreuz,** die Kreuze

die Kreu|zung, die Kreuzungen
krie|chen, kriecht, kroch, gekrochen
der Krieg, die Kriege
krie|gen, kriegt, kriegte, gekriegt
der Kri|mi, die Krimis
die Krip|pe, die Krippen
Kro|a|ti|en
kro|a|tisch
sie kroch (→ kriechen)
das Kro|ko|dil, die Krokodile
der Kro|kus, die Krokusse
die Kro|ne, die Kronen

die Krö|te, die Kröten
die Krü|cke, die Krücken
der Krug, die Krüge
krumm *(↔ gerade)*
die Krus|te, die Krusten
die Kü|che, die Küchen
der Ku|chen, die Kuchen
der Ku|ckuck, die Kuckucke
die Ku|gel, die Kugeln
der Ku|gel|schrei|ber, die Kugelschreiber
die Kuh, die Kühe
kühl
küh|len, kühlt, kühlte, gekühlt
der Kühl|schrank, die Kühlschränke
das Kü|ken, die Küken
die Kul|tur, die Kulturen
der Kum|mer
sich küm|mern, kümmert sich, kümmerte sich, hat sich gekümmert
die Kunst, die Künste
der Künst|ler, die Künstler
die Künst|le|rin, die Künstlerinnen
künst|le|risch
der Kunst|stoff, die Kunststoffe
das Kunst|stück, die Kunststücke
kunst|voll
das Kunst|werk, die Kunstwerke
das Kup|fer *(ein Metall)*
der Kür|bis, die Kürbisse
die Kur|ve, die Kurven
kurz, kürzer, am kürzesten *(↔ lang)*
der Kurz|schluss, die Kurzschlüsse
ku|scheln, kuschelt, kuschelte, gekuschelt
der Kuss, die Küsse

A B C D E F G H I J **K** **L** M N O P Q R S T U V W X Y Z

küs|sen, küsst, küsste, geküsst
die Kut|sche, die Kutschen
kut|schie|ren, kutschiert, kutschierte, kutschiert

L

das La|bor, die Labors
das La|by|rinth, die Labyrinthe *(Irrgarten)*
lä|cheln, lächelt, lächelte, gelächelt
la|chen, lacht, lachte, gelacht
der Lachs, die Lachse
der Lack, die Lacke
la|ckie|ren, lackiert, lackierte, lackiert
der La|den, die Läden
la|den, lädt, lud, geladen
er lädt (→ laden)
sie lädt ein (→ einladen)
er lag (→ liegen)
das La|ger, die Lager
lahm
der Laich *(Eier von Wassertieren, z.B. Fröschen)*
die La|krit|ze (Lak|rit|ze), die Lakritzen

das La|ma, die Lamas
das La|met|ta
das Lamm, die Lämmer
die Lam|pe, die Lampen
das Land, die Länder
lan|den, landet, landete, gelandet
die Land|schaft, die Landschaften
die Lan|dung, die Landungen
der Land|wirt, die Landwirte
die Land|wir|tin, die Landwirtinnen
die Land|wirt|schaft
lang, länger, am längsten *(↔ kurz)*
die Lan|ge|wei|le
lang|sam *(↔ schnell)*
längst
lang|wei|lig *(↔ interessant)*
der Lap|pen, die Lappen
der Lap|top, die Laptops *(tragbarer kleiner Computer)*
der Lärm
die Lar|ve, die Larven
sie las (→ lesen)

er **las vor** (→ vorlesen)
der **La|ser**, die Laser
der **La|ser|dru|cker**, die Laserdrucker *(Drucker, der mit Lasertechnik arbeitet)*
las|sen, lässt, ließ, gelassen
läs|sig
das **Las|so**, die Lassos
sie **lässt** (→ lassen)
er **lässt los** (→ loslassen)
läs|tern, lästert, lästerte, gelästert
der **Last|wa|gen**, die Lastwagen
das **La|tein**
la|tei|nisch
die **La|ter|ne**, die Laternen
das **Laub**
der **Laub|baum**, die Laubbäume
lau|ern, lauert, lauerte, gelauert
lau|fen, läuft, lief, gelaufen
der **Läu|fer**, die Läufer
die **Läu|fe|rin**, die Läuferinnen
sie **läuft** (→ laufen)
er **läuft weg** (→ weglaufen)

laut *(↔ leise)*
der **Laut**, die Laute
der **Laut|spre|cher**, die Lautsprecher
die **La|va** *(geschmolzenes Gestein, das aus einem Vulkan austritt)*
die **La|wi|ne**, die Lawinen
das **Le|ben**, die Leben
le|ben, lebt, lebte, gelebt
le|ben|dig *(↔ tot)*
leb|haft
der **Leb|ku|chen**, die Lebkuchen
le|cken, leckt, leckte, geleckt
le|cker
das **Le|der**, die Leder
le|dig|lich
leer *(↔ voll)*
die **Lee|re**
le|gen, legt, legte, gelegt
der **Lehm**
die **Leh|ne**, die Lehnen
leh|ren, lehrt, lehrte, gelehrt
der **Leh|rer**, die Lehrer
die **Leh|re|rin**, die Lehrerinnen
der **Leib**, die Leiber
die **Lei|che**, die Leichen

A B C D E F G H I J K **L** M N O P Q R S T U V W X Y Z

leicht *(↔ schwer)*
die Leich|tig|keit
der Leicht|sinn
leicht|sin|nig
das Leid, die Leiden
lei|den, leidet, litt, gelitten
lei|der
leidtun
lei|hen, leiht, lieh, geliehen
der Leim
lei|men, leimt, leimte, geleimt
die Lei|ne, die Leinen
lei|se *(↔ laut)*
leis|ten, leistet, leistete, geleistet
die Leis|tung, die Leistungen
die Lei|ter, die Leitern
der Len|ker, die Lenker
der Le|o|pard, die Leoparden
die Ler|che, die Lerchen
ler|nen, lernt, lernte, gelernt
das Le|se|buch, die Lesebücher
le|sen, liest, las, gelesen
let|tisch
Lett|land
letz|te, letzter, letztes
leuch|ten, leuchtet, leuchtete, geleuchtet

zu **leicht/Leichtes:**

Kleinschreibung:
- ein leichtes Päckchen
- eine leichte Aufgabe

Großschreibung:
- Das ist mir ein Leichtes!
- Er isst mittags gern etwas Leichtes.

getrennt *oder* zusammen:
- leichtverletzte *oder* leicht verletzte Personen
- leichtverständliche *oder* leicht verständliche Übungen

zu **leid/Leid:**

Kleinschreibung:
- leidtun: es tut mir leid; das wird dir noch leidtun
- Ich bin es leid!

Großschreibung:
- jemandem sein Leid klagen
- Geteiltes Leid ist halbes Leid!

der **Leucht|turm,** die Leuchttürme
die **Leu|te**
das **Le|xi|kon,** die Lexika *(alphabetisch geordnetes Nachschlagewerk, z.B. ein Wörterbuch)*
die **Li|bel|le,** die Libellen
das **Licht,** die Lichter

das **Lid,** die Lider
lieb *(↔ böse, verhasst)*
die **Lie|be**
lie|ben, liebt, liebte, geliebt
lie|ber
der **Lieb|ling,** die Lieblinge
das **Lied,** die Lieder
sie **lief** (→ laufen)

zu **letzte/Letzte:**

Kleinschreibung:
- zum letzten Mal
- das letzte Stündlein

Großschreibung:
- Anna war die Letzte, die kam.
- Das ist echt das Letzte!
- Den Letzten beißen die Hunde.

er **lief weg** (→ weglaufen)
lie|fern, liefert, lieferte, geliefert
die **Lie|fe|rung,** die Lieferungen
die **Lie|ge,** die Liegen
lie|gen, liegt, lag, gelegen
sie **lieh** (→ leihen)
er **lieh aus** (→ ausleihen)
sie **ließ** (→ lassen)
er **ließ zu** (→ zulassen)
sie **liest** (→ lesen)
er **liest vor** (→ vorlesen)
der **Lift,** die Lifte
die **Li|ga,** die Ligen *(Wettkampfklasse im Sport, z.B. Bundesliga im Fußball)*
der **Li|kör,** die Liköre
li|la
die **Li|lie,** die Lilien
die **Li|mo|na|de,** die Limonaden
die **Lin|de,** die Linden
das **Li|ne|al,** die Lineale
die **Li|nie,** die Linien
lin|ke, linker, linkes
links
der **Links|hän|der,** die Linkshänder
die **Lin|se,** die Linsen
die **Lip|pe,** die Lippen

der **Lip|pen|stift,** die Lippenstifte
die **List,** die Listen
die **Lis|te,** die Listen
lis|tig
Li|tau|en
li|tau|isch
der **Li|ter,** die Liter
die **Li|te|ra|tur**
sie **litt** (→ leiden)
das **Lob**
lo|ben, lobt, lobte, gelobt
das **Loch,** die Löcher
die **Lo|cke,** die Locken
lo|cken, lockt, lockte, gelockt
lo|cker *(↔ fest)*
lo|ckig *(↔ glatthaarig)*
der **Löf|fel,** die Löffel
er **log** (→ lügen)
lo|gisch
der **Lohn,** die Löhne
das **Lo|kal,** die Lokale
die **Lo|ko|mo|ti|ve,** die Lokomotiven
los
das **Los,** die Lose
lö|schen, löscht, löschte, gelöscht
lö|sen, löst, löste, gelöst
los|las|sen, lässt los, ließ los, losgelassen
die **Lö|sung,** die Lösungen
das **Lot|to**
der **Lö|we,** die Löwen
der **Lö|wen|zahn**
die **Lü|cke,** die Lücken
sie **lud** (→ laden)
er **lud ein** (→ einladen)
die **Luft,** die Lüfte
der **Luft|bal|lon,** die Luftballons
luf|tig
die **Lüf|tung,** die Lüftungen
die **Lü|ge,** die Lügen
lü|gen, lügt, log, gelogen
der **Lüg|ner,** die Lügner
die **Lüg|ne|rin,** die Lügnerinnen
die **Lun|ge,** die Lungen
die **Lu|pe,** die Lupen
die **Lust,** die Lüste
lus|tig
lut|schen, lutscht, lutschte, gelutscht
der **Lut|scher,** die Lutscher

Lu|xem|burg
lu|xem|bur|gisch
der **Lu|xus**

M

ma|chen, macht, machte, gemacht
die Macht, die Mächte
mäch|tig
das Mäd|chen, die Mädchen
die Ma|de, die Maden
er mag (→ mögen)
der Ma|gen, die Mägen
ma|ger *(↔ wohlgenährt, dick)*
der Mag|net (Ma|gnet), die Magneten
mag|ne|tisch (ma|gne|tisch)
der Mäh|dre|scher, die Mähdrescher

mä|hen, mäht, mähte, gemäht
das Mahl, die Mähler
mah|len, mahlt, mahlte, gemahlen
die Mahl|zeit, die Mahlzeiten
die Mäh|ne, die Mähnen
mah|nen, mahnt, mahnte, gemahnt
die Mah|nung, die Mahnungen
der Mai
die Mail|box, die Mailboxen *(Speicher, auf den Nachrichten aufgesprochen werden können, z.B. bei Handys)*
der Mais
die Ma|jes|tät, die Majestäten
ma|jes|tä|tisch
mal
das Mal, die Male
ma|len, malt, malte, gemalt
die Ma|ma, die Mamas
die Ma|mi, die Mamis

zu **mal/Mal:**

Kleinschreibung:
- 2-mal
- acht mal zwei ist sechzehn
- Wenn das mal gut geht!

Großschreibung:
- das erste, zweite, dritte Mal
- jedes Mal
- ein Dutzend Mal, Millionen Mal

das **Mam|mut**, die Mammuts *(ausgestorbene Elefantenart)*
man
man|che
manch|mal
die **Man|da|ri|ne**, die Mandarinen
die **Man|del**, die Mandeln
die **Ma|ne|ge**, die Manegen *(Vorführfläche im Zirkus)*
der **Mann**, die Männer
die **Mann|schaft**, die Mannschaften
der **Man|tel**, die Mäntel
die **Map|pe**, die Mappen
das **Mär|chen**, die Märchen
die **Mar|ga|ri|ne**
der **Ma|ri|en|kä|fer**, die Marienkäfer

die **Ma|ri|o|net|te**, die Marionetten *(bewegliche Puppe, die an Fäden hängt)*
die **Mar|ke**, die Marken
mar|kie|ren, markiert, markierte, markiert
der **Markt**, die Märkte
die **Mar|me|la|de**, die Marmeladen
der **Mar|mor**
der **Mars** *(ein Planet)*
der **März**
das **Mar|zi|pan**
die **Ma|schi|ne**, die Maschinen
die **Ma|sern** *(eine Krankheit)*
die **Mas|ke**, die Masken
sie **maß** (→ messen)
das **Maß**, die Maße
die **Mas|sa|ge**, die Massagen
mas|sie|ren, massiert, massierte, massiert
mä|ßig
der **Maß|stab**, die Maßstäbe
der **Mast**, die Masten
das **Ma|te|ri|al**, die Materialien
die **Ma|the|ma|tik**
die **Ma|trat|ze (Mat|rat|ze)**, die Matratzen
der **Ma|tro|se (Mat|ro|se)**, die Matrosen
die **Mat|te**, die Matten
die **Mau|er**, die Mauern
mau|ern, mauert, mauerte, gemauert
das **Maul**, die Mäuler
der **Maul|wurf**, die Maulwürfe
der **Mau|rer**, die Maurer
die **Maus**, die Mäuse
das **Maus|pad**, die Mauspads *(Unterlage, auf der die Computermaus bewegt wird)*
der **Me|cha|ni|ker**, die Mechaniker

die Me|cha|ni|ke|rin, die Mechanikerinnen
me|ckern, meckert, meckerte, gemeckert
Meck|len|burg-Vor|pom|mern
die Me|dail|le, die Medaillen
die Me|di|en
das Me|di|ka|ment, die Medikamente
die Me|di|zin
das Meer, die Meere
das Meer|schwein|chen, die Meerschweinchen
das Mehl
mehr
meh|re|re
die Mehr|heit, die Mehrheiten
die Mehr|zahl
die Mei|le, die Meilen
mein, meine, meiner
mei|nen, meint, meinte, gemeint
die Mei|nung, die Meinungen
die Mei|se, die Meisen
meis|tens
der Meis|ter, die Meister
die Meis|te|rin, die Meisterinnen
meis|tern, meistert, meisterte, gemeistert
die Meis|ter|schaft, die Meisterschaften
sich mel|den, meldet sich, meldete sich, hat sich gemeldet
die Me|lo|die, die Melodien
die Me|lo|ne, die Melonen
die Men|ge, die Mengen
der Mensch, die Menschen
die Mensch|heit
die Mensch|lich|keit
mer|ken, merkt, merkte, gemerkt
das Merk|mal, die Merkmale
merk|wür|dig
die Mes|se, die Messen
mes|sen, misst, maß, gemessen
das Mes|ser, die Messer
das Me|tall, die Metalle
der Me|ter, die Meter
die Mett|wurst, die Mettwürste
der Metz|ger, die Metzger
mich
die Mie|ne, die Mienen
die Mie|te, die Mieten
mie|ten, mietet, mietete, gemietet

das **Mi|kro|fon (Mik|ro|fon),** die Mikrofone

das **Mi|kros|kop (Mik|ros|kop),** die Mikroskope *(ein Gerät zur optischen Vergrößerung)*

die **Mi|kro|wel|le (Mik|ro|wel|le),** die Mikrowellen *(ein Herd, der mit elektromagnetischen Wellen Speisen erwärmt)*

die **Milch**

mild *(↔ stark, scharf)*

die **Mil|li|ar|de,** die Milliarden

das **Mil|li|gramm,** 8 Milligramm

der **Mil|li|li|ter,** 20 Milliliter

der **Mil|li|me|ter,** 10 Millimeter

die **Mil|li|on,** die Millionen

die **Min|der|heit,** die Minderheiten

min|des|tens

die **Mi|ne,** die Minen

das **Mi|ne|ral|was|ser**

der **Mi|nis|ter,** die Minister

die **Mi|nis|te|rin,** die Ministerinnen

mi|nus

die **Mi|nu|te,** die Minuten

mir

mi|schen, mischt, mischte, gemischt

er **misst** (→ messen)

das **Miss|ver|ständ|nis,** die Missverständnisse

der **Mist**

mit

mit|ei|nan|der (mit|ein|an|der)

das **Mit|glied,** die Mitglieder

der **Mit|laut,** die Mitlaute

das **Mit|leid**

mit|ma|chen, macht mit, machte mit, mitgemacht

der **Mit|schü|ler,** die Mitschüler

die **Mit|schü|le|rin,** die Mitschülerinnen

der **Mit|tag,** die Mittage

das **Mit|tag|es|sen,** die Mittagessen

mit|tags

die **Mit|te**

mit|tei|len, teilt mit, teilte mit, mitgeteilt

die **Mit|tei|lung,** die Mitteilungen

das **Mit|tel|meer**

die **Mit|tel|schu|le,** die Mittelschulen *(eine Schulform)*

die **Mit|ter|nacht**, die Mitternächte
der **Mitt|woch**, die Mittwoche
mi|xen, mixt, mixte, gemixt

zu **mittags/Mittag:**

Kleinschreibung:
- Er kommt immer mittags.
- von morgens bis mittags

Großschreibung:
- Ich komme am Mittag.
- heute, gestern, morgen Mittag

zu **möglich/Mögliches:**

Kleinschreibung:
- so schnell wie möglich
- Das ist ja gar nicht möglich!

Großschreibung:
- sein Möglichstes tun
- Er tut alles Mögliche, um der Beste zu werden.

der **Mi|xer**, die Mixer
die **Mö|bel**
sie **moch|te** (→ mögen)
die **Mo|de**, die Moden
das **Mo|dell**, die Modelle
mo|dern *(↔ altmodisch)*
mo|disch
das **Mo|fa**, die Mofas
mo|geln, mogelt, mogelte, gemogelt
mö|gen, mag, mochte, gemocht
mög|lich
die **Mög|lich|keit**, die Möglichkeiten
die **Möh|re**, die Möhren
die **Mol|ke rei**, die Molkereien
der **Mo|ment**, die Momente
der **Mo|nat**, die Monate
mo|nat|lich
der **Mönch**, die Mönche
der **Mond**, die Monde
der **Mo|ni|tor**, die Monitore *(Bildschirm, z.B. beim Computer)*
das **Mons|ter**, die Monster
der **Mon|tag**, die Montage
das **Moor**, die Moore
das **Moos**, die Moose
das **Mo|ped**, die Mopeds
der **Mord**, die Morde

A B C D E F G H I J K L **M** N O P Q R S T U V W X Y Z

der **Mör|der**, die Mörder
die **Mör|de|rin**, die Mörderinnen
mor|gen
der **Mor|gen**, die Morgen
mor|gens
morsch
die **Mo|schee**, die Moscheen *(islamisches Gebetshaus)*
der **Mo|tor**, die Motoren
das **Mo|tor|rad**, die Motorräder
das **Moun|tain|bike**, die Mountainbikes *(geländetaugliches Fahrrad)*
die **Mö|we**, die Möwen
der **MP3-Play|er**, die MP3-Player *(Gerät zur Wiedergabe von Musikdateien)*
die **Mü|cke**, die Mücken
mü|de *(↔ wach, frisch)*
die **Mü|dig|keit**
die **Mü|he**, die Mühen
die **Müh|le**, die Mühlen
müh|sam
der **Müll**
die **Müll|ab|fuhr**, die Müllabfuhren
der **Müll|ei|mer**, die Mülleimer

die **Mul|ti|pli|ka|ti|on**, die Multiplikationen
mul|ti|pli|zie|ren, multipliziert, multiplizierte, multipliziert
der **Mund**, die Münder
die **Mund|har|mo|ni|ka**, die Mundharmonikas
münd|lich *(↔ schriftlich)*
die **Mün|ze**, die Münzen
die **Mur|mel**, die Murmeln
mur|meln, murmelt, murmelte, gemurmelt
mur|ren, murrt, murrte, gemurrt
mür|risch
die **Mu|schel**, die Muscheln
das **Mu|se|um**, die Museen
das **Mu|si|cal**, die Musicals *(ein Musiktheaterstück)*
die **Mu|sik**, die Musiken
mu|si|ka|lisch
mu|si|zie|ren, musiziert, musizierte, musiziert
der **Mus|kel**, die Muskeln
das **Müs|li**, die Müslis
der **Mus|lim**, die Muslime *(Anhänger des Islam)*
die **Mus|li|ma**, die Muslimas *(Anhängerin des Islam)*
er **muss** *(→ müssen)*

müs|sen, muss, musste, gemusst
sie muss|te (→ müssen)
das Mus|ter, die Muster
der Mut
mu|tig (↔ *feige*)
die Mut|ter, die Mütter
die Mut|ti, die Muttis
die Müt|ze, die Mützen

N

der Na|bel, die Nabel
nach
der Nach|bar, die Nachbarn
die Nach|ba|rin, die Nachbarinnen
nach|dem
nach|den|ken, denkt nach, dachte nach, nachgedacht
nach|ge|ben, gibt nach, gab nach, nachgegeben
nach|ge|dacht (→ nachdenken)
der Nach|mit|tag, die Nachmittage
der Nach|na|me, die Nachnamen
die Nach|richt, die Nachrichten
näch|s|te, nächster, nächstes
die Nacht, die Nächte
der Nach|teil, die Nachteile
der Nach|tisch, die Nachtische
nachts
der Na|cken, die Nacken
nackt (↔ *bekleidet, angezogen*)
die Na|del, die Nadeln
der Na|gel, die Nägel
na|gen, nagt, nagte, genagt
nah, näher, am nächsten
die Nä|he
nä|hen, näht, nähte, genäht
sie nahm (→ nehmen)
er nahm weg (→ wegnehmen)
die Nah|rung
die Naht, die Nähte
der Na|me, die Namen
der Na|mens|tag, die Namenstage
näm|lich
sie nann|te (→ nennen)
der Napf, die Näpfe
die Nar|be, die Narben
die Nar|ko|se, die Narkosen *(Betäubung in der Medizin)*
na|schen, nascht, naschte, genascht

A B C D E F G H I J K L M N O P Q R S T U V W X Y Z

A B C D E F G H I J K L M **N** O P Q R S T U V W X Y Z

die Na|se, die Nasen
das Nas|horn,
die Nashörner

nass *(↔ trocken)*
die Näs|se
die Na|ti|on, die Nationen
die Na|tur
na|tür|lich *(↔ künstlich)*
der Na|tur|schutz
die Na|tur|wis|sen|schaft,
die Naturwissenschaften
der Ne|bel
ne|ben
ne|ben|an
neb|lig *(↔ klar)*
der Nef|fe, die Neffen
ne|ga|tiv *(↔ positiv)*
neh|men, nimmt, nahm,
genommen
der Neid
nei|disch
nein
die Nel|ke, die Nelken
nen|nen, nennt,
nannte, genannt
die Ne|on|röh|re,
die Neonröhren
der Nerv, die Nerven
ner|vös *(↔ ruhig, entspannt)*
das Nest, die Nester
nett
das Netz, die Netze
neu *(↔ alt)*
die Neu|gier
neu|gie|rig
die Neu|ig|keit,
die Neuigkeiten
das Neu|jahr
neu|lich
neun
neun|zehn
neun|zig
nicht
die Nich|te, die Nichten
nichts
ni|cken, nickt, nickte,
genickt
nie
die Nie|der|lan|de
nie|der|län|disch

zu **neu/Neues:**

Kleinschreibung:
- ein neues Auto
- das neue Jahr

Großschreibung:
- das Alte und das Neue
- Auf ein Neues!
- das Neue Testament

Nie|der|sach|sen
der Nie|der|schlag, die Niederschläge
nied|lich
nied|rig *(↔ hoch)*
nie|mals
nie|mand, niemanden
die Nie|re, die Nieren
nie|sen, niest, nieste, geniest
die Nie|te, die Nieten
der Ni|ko|laus
das Nil|pferd, die Nilpferde
er nimmt (→ nehmen)
sie nimmt weg (→ wegnehmen)
nir|gend|wo
nis|ten, nistet, nistete, genistet
die Ni|xe, die Nixen
noch
das No|men, die Nomen *(Wortart: Namenwort)*
der No|mi|na|tiv *(1. Fall)*
der Nor|den
Nord|rhein-West|fa|len
die Nord|see
nör|geln, nörgelt, nörgelte, genörgelt
nor|mal
Nor|we|gen
nor|we|gisch
die Not, die Nöte
die No|te, die Noten
no|tie|ren, notiert, notierte, notiert
nö|tig
die No|tiz, die Notizen
der No|vem|ber
die Nu|del, die Nudeln
das Nu|gat *(eine Süßigkeit aus Nüssen)*
null
die Null, die Nullen
die Num|mer, die Nummern
num|me|rie|ren, nummeriert, nummerierte, nummeriert
das Num|mern|schild, die Nummernschilder
nun
nur
die Nuss, die Nüsse
der Nut|zen
nut|zen, nutzt, nutzte, genutzt
nütz|lich

A B C D E F G H I J K L M N **O** P Q R S T U V W X Y Z

O

die Oa|se, die Oasen
ob
oben
der Ober, die Ober
die Ober|flä|che, die Oberflächen
die Ober|lip|pe, die Oberlippen
der Ober|schen|kel, die Oberschenkel
das Ob|jekt, die Objekte *(Gegenstand; bezeichnet auch eine sprachliche Ergänzung, z.B. das Akkusativobjekt)*
das Obst
ob|wohl
der Och|se, die Ochsen
oder
der Ofen, die Öfen

of|fen *(↔ geschlossen, zu)*
öff|nen, öffnet, öffnete, geöffnet
die Öff|nung, die Öffnungen
oft, öfter
oh|ne
die Ohn|macht, die Ohnmachten
das Ohr, die Ohren
die Ohr|fei|ge, die Ohrfeigen
das Ohr|läpp|chen, die Ohrläppchen
okay
der Ok|to|ber
das Öl, die Öle
die Oli|ve, die Oliven
die Olym|pi|a|de, die Olympiaden *(die Olympischen Spiele)*
die Oma, die Omas
die Omi, die Omis
der On|kel, die Onkel
der Opa, die Opas
die Ope|ra|ti|on, die Operationen
ope|rie|ren, operiert, operierte, operiert
das Op|fer, die Opfer
op|fern, opfert, opferte, geopfert
der Opi, die Opis
oran|ge
die Oran|ge, die Orangen
der Oran|gen|saft, die Orangensäfte
das Or|ches|ter, die Orchester
der Or|den, die Orden
or|dent|lich
ord|nen, ordnet, ordnete, geordnet

die Ord|nung
die Or|ga|ni|sa|ti|on, die Organisationen
or|ga|ni|sie|ren, organisiert, organisierte, organisiert
die Or|gel, die Orgeln

der Ori|ent *(die Länder Vorder- und Mittelasiens)*
der Or|kan, die Orkane *(stärkster Sturm)*
der Ort, die Orte
die Ort|schaft, die Ortschaften
der Os|ten
das Os|ter|ei, die Ostereier
der Os|ter|ha|se, die Osterhasen
Os|tern
Ös|ter|reich
ös|ter|rei|chisch
die Ost|see
oval
der Oze|an, die Ozeane

P

paar
das Paar, die Paare
das Päck|chen, die Päckchen

zu **paar/Paar:**

Kleinschreibung:
- ein paar Leute
- ein paar Mal
- für ein paar Euro

Großschreibung:
- ein Paar Schuhe
- ein glückliches Paar

pa|cken, packt, packte, gepackt
die Pa|ckung, die Packungen
das Pad|del, die Paddel
pad|deln, paddelt, paddelte, gepaddelt
das Pa|ket, die Pakete
der Pa|last, die Paläste
die Pal|me, die Palmen
die Pa|nik
der Pan|tof|fel, die Pantoffeln
der Pan|zer, die Panzer
der Pa|pa, die Papas
der Pa|pa|gei, die Papageien
der Pa|pi, die Papis
das Pa|pier
die Pap|pe, die Pappen
die Pa|pri|ka (Pap|ri|ka), die Paprikas
der Papst, die Päpste

das **Pa|ra|dies**, die Paradiese
das **Par|fum**, die Parfums
der **Park**, die Parks
par|ken, parkt, parkte, geparkt
die **Par|tei**, die Parteien
der **Part|ner**, die Partner
die **Part|ne|rin**, die Partnerinnen
die **Par|ty**, die Partys
der **Pass**, die Pässe
pas|sen, passt, passte, gepasst
pas|sie|ren, passiert, passierte, passiert
pas|siv *(↔ aktiv)*
die **Pas|ta** *(italienisches Wort für Teigwaren, Nudeln)*
der **Pas|tor**, die Pastoren
die **Pas|to|rin**, die Pastorinnen
der **Pa|te**, die Paten
die **Pa|ten|schaft**, die Patenschaften
der **Pa|ti|ent**, die Patienten
die **Pa|ti|en|tin**, die Patientinnen
die **Pa|tin**, die Patinnen
die **Pa|tro|ne (Pat|ro|ne)**, die Patronen
die **Pau|ke**, die Pauken
pau|ken, paukt, paukte, gepaukt
die **Pau|se**, die Pausen
der **Pa|zi|fik**
der **PC**, die PCs *(Abkürzung für englisch personal computer)*
das **Pech**
der **Pech|vo|gel**, die Pechvögel
das **Pe|dal**, die Pedale
pein|lich
die **Peit|sche**, die Peitschen
der **Pelz**, die Pelze
peng
der **Pe|nis**, die Penisse
das **Per|fekt** *(Zeitform: 2. Vergangenheit)*
die **Per|le**, die Perlen

die **Per|son**, die Personen
per|sön|lich
die **Pe|rü|cke**, die Perücken
die **Pe|ter|si|lie**
pet|zen, petzt, petzte, gepetzt
der **Pfad**, die Pfade
der **Pfad|fin|der**, die Pfadfinder
die **Pfad|fin|de|rin**, die Pfadfinderinnen
die **Pfan|ne**, die Pfannen
der **Pfar|rer**, die Pfarrer
die **Pfar|re|rin**, die Pfarrerinnen

der Pfef|fer
die Pfef|fer|min|ze
die Pfei|fe, die Pfeifen
pfei|fen, pfeift, pfiff, gepfiffen
der Pfeil, die Pfeile
das Pferd, die Pferde
sie pfiff (→ pfeifen)
Pfings|ten
der Pfir|sich, die Pfirsiche
die Pflan|ze, die Pflanzen
pflan|zen, pflanzt, pflanzte, gepflanzt
das Pflas|ter, die Pflaster
die Pflau|me, die Pflaumen
pfle|gen, pflegt, pflegte, gepflegt
die Pflicht, die Pflichten
pflü|cken, pflückt, pflückte, gepflückt
der Pflug, die Pflüge
pflü|gen, pflügt, pflügte, gepflügt
die Pfo|te, die Pfoten
das Pfund, die Pfunde
die Pfüt|ze, die Pfützen
die Phy|sik
der Pi|ckel, die Pickel
das Pick|nick, die Picknicks
pie|pen, piept, piepte, gepiept
piep|sen, piepst, piepste, gepiepst
der Pil|ger, die Pilger
die Pil|ge|rin, die Pilgerinnen
pil|gern, pilgert, pilgerte, gepilgert
die Pil|le, die Pillen
der Pi|lot, die Piloten
die Pi|lo|tin, die Pilotinnen
der Pilz, die Pilze
der Pin|gu|in, die Pinguine
pink
die Pinn|wand, die Pinnwände
der Pin|sel, die Pinsel
pin|seln, pinselt, pinselte, gepinselt
das Pi|pi
der Pi|rat, die Piraten
die Pis|to|le, die Pistolen
die Piz|za, die Pizzen
das Pla|kat, die Plakate
der Plan, die Pläne
pla|nen, plant, plante, geplant

der Pla|net, die Planeten
plan|schen, planscht, planschte, geplanscht
plap|pern, plappert, plapperte, geplappert

A B C D E F G H I J K L M N O P Q R S T U V W X Y Z

das Plas|tik
platt
der Platz, die Plätze
das Plätz|chen, die Plätzchen
plat|zen, platzt, platzte, geplatzt
plei|te *(↔ zahlungsfähig)*
die Plom|be, die Plomben *(Zahnfüllung)*
plötz|lich
plump
der Plu|ral *(Mehrzahl)*
plus
der Po|kal, die Pokale
der Pol, die Pole
Po|len
die Po|li|tik
der Po|li|ti|ker, die Politiker
die Po|li|ti|ke|rin, die Politikerinnen
po|li|tisch
die Po|li|zei
der Po|li|zist, die Polizisten
die Po|li|zis|tin, die Polizistinnen
die Pom|mes fri|tes
das Po|ny, die Ponys
der Pool, die Pools *(englisches Wort für Schwimmbecken)*
der Po|po, die Popos
die Por|ti|on, die Portionen
das Port|mo|nee, die Portmonees
Por|tu|gal
por|tu|gie|sisch
das Por|zel|lan
po|si|tiv *(↔ negativ)*
die Post
der Post|bo|te, die Postboten
die Post|bo|tin, die Postbotinnen
die Post|kar|te, die Postkarten
die Post|leit|zahl, die Postleitzahlen
das Prä|di|kat, die Prädikate *(Satzaussage)*
prak|tisch
die Pra|li|ne, die Pralinen
das Prä|sens *(Zeitform: Gegenwart)*
der Prä|si|dent, die Präsidenten
die Prä|si|den|tin, die Präsidentinnen
das Prä|te|ri|tum (Prä|ter|itum) *(Zeitform: 1. Vergangenheit)*
pre|di|gen, predigt, predigte, gepredigt
die Pre|digt, die Predigten
der Preis, die Preise
die Pres|se
die Pres|se, die Pressen

pres|sen, presst, presste, gepresst
der Pries|ter, die Priester
pri|ma
der Prinz, die Prinzen
die Prin|zes|sin, die Prinzessinnen
pri|vat *(↔ öffentlich)*
die Pro|be, die Proben
pro|ben, probt, probte, geprobt
pro|bie|ren, probiert, probierte, probiert
das Pro|blem (Prob|lem), die Probleme
das Pro|dukt, die Produkte *(Erzeugnis, Ergebnis)*
der Pro|fes|sor, die Professoren
die Pro|fes|so|rin, die Professorinnen
das Pro|gramm, die Programme
das Pro|jekt, die Projekte
der Pro|jek|tor, die Projektoren

die Pro|jekt|ta|ge
das Pro|no|men, die Pronomen *(Wortart: Fürwort)*
der Pro|pel|ler, die Propeller

der Pro|test, die Proteste
pro|tes|tie|ren, protestiert, protestierte, protestiert
das Pro|zent, die Prozente
prü|fen, prüft, prüfte, geprüft
die Prü|fung, die Prüfungen
die Pu|ber|tät
das Pu|bli|kum (Pub|li|kum)
der Pud|ding, die Puddings
der Pu|del, die Pudel
der Pu|der
der Pul|li, die Pullis
der Pul|lo|ver (Pull|o|ver), die Pullover
der Puls, die Pulse
das Pul|ver, die Pulver
der Punkt, die Punkte
pünkt|lich *(↔ verspätet)*
die Pu|pil|le, die Pupillen
die Pup|pe, die Puppen
pur|zeln, purzelt, purzelte, gepurzelt
die Pus|te|blu|me, die Pusteblumen
pus|ten, pustet, pustete, gepustet
put|zen, putzt, putzte, geputzt
put|zig
das Puz|zle (Puzz|le), die Puzzles

A B C D E F G H I J K L M N O P Q R S T U V W X Y Z

der **Py|ja|ma**, die Pyjamas *(Schlafanzug)*
die **Py|ra|mi|de**, die Pyramiden *(ägyptischer Grabbau)*

Q

der **Qua|der**, die Quader *(ein rechteckiger Körper)*
das **Qua|drat (Quad|rat)**, die Quadrate *(ein Viereck mit vier gleich langen Seiten)*
qua|dra|tisch (quad|ra|tisch)
qua|ken, quakt, quakte, gequakt
die **Qual**, die Qualen
quä|len, quält, quälte, gequält
die **Qua|li|tät**, die Qualitäten
die **Qual|le**, die Quallen

der **Qualm**
qual|men, qualmt, qualmte, gequalmt
der **Quark**
das **Quar|tett**, die Quartette
quas|seln, quasselt, quasselte, gequasselt
der **Quatsch**
quat|schen, quatscht, quatschte, gequatscht
die **Quel|le**, die Quellen
quen|geln, quengelt, quengelte, gequengelt
quer
quet|schen, quetscht, quetschte, gequetscht
quie|ken, quiekt, quiekte, gequiekt
quiet|schen, quietscht, quietschte, gequietscht
der **Quirl**, die Quirle
die **Quit|tung**, die Quittungen
das **Quiz** *(Frage-und-Antwort-Spiel)*

R

der **Ra|be**, die Raben
die **Ra|che**
sich **rä|chen**, rächt sich, rächte sich, hat sich gerächt
das **Rad**, die Räder
Rad fah|ren, fährt Rad, fuhr Rad, Rad gefahren

ra|deln, radelt, radelte, geradelt
der Rad|fah|rer, die Radfahrer
die Rad|fah|re|rin, die Radfahrerinnen
ra|die|ren, radiert, radierte, radiert
der Ra|dier|gum|mi, die Radiergummis
das Ra|dies|chen, die Radieschen
das Ra|dio, die Radios
der Rah|men, die Rahmen
die Ra|ke|te, die Raketen
der Rand, die Ränder
er rann|te (→ rennen)
der Ran|zen, die Ranzen
der Rap, die Raps *(Sprechgesang)*
der Rap|pe, die Rappen
der Raps
ra|scheln, raschelt, raschelte, geraschelt
der Ra|sen, die Rasen
ra|sen, rast, raste, gerast
der Ra|sen|mä|her, die Rasenmäher
sich ra|sie|ren, rasiert sich, rasierte sich, hat sich rasiert
der Ra|sier|pin|sel, die Rasierpinsel
ras|seln, rasselt, rasselte, gerasselt
die Rast
ras|ten, rastet, rastete, gerastet
sie rät (→ raten)
ra|ten, rät, riet, geraten
der Rat|schlag, die Ratschläge
das Rät|sel, die Rätsel
die Rat|te, die Ratten
rat|tern, rattert, ratterte, gerattert
rau *(↔ glatt, weich)*
der Raub, die Raube
rau|ben, raubt, raubte, geraubt
der Räu|ber, die Räuber
der Rauch
rau|chen, raucht, rauchte, geraucht
rau|fen, rauft, raufte, gerauft
die Rau|fe|rei, die Raufereien
der Raum, die Räume
räu|men, räumt, räumte, geräumt
das Raum|schiff, die Raumschiffe
die Rau|pe, die Raupen
raus

rau|schen, rauscht, rauschte, gerauscht

re|agie|ren, reagiert, reagierte, reagiert

die Re|ak|ti|on, die Reaktionen

die Re|al|schu|le, die Realschulen *(eine Schulform der weiterführenden Schule)*

die Re|be, die Reben

rech|nen, rechnet, rechnete, gerechnet

der Rech|ner, die Rechner

die Rech|nung, die Rechnungen

das Recht, die Rechte

rech|te, rechter, rechtes

das Recht|eck, die Rechtecke

rechts

die Recht|schrei|bung

der Rechts|hän|der, die Rechtshänder

re|cy|celn, recycelt, recycelte, recycelt

das Re|cyc|ling (Re|cy|cling) *(Wiederverwendung von bereits benutzten Rohstoffen, z.B. von Altpapier)*

der Re|dak|teur, die Redakteure

die Re|dak|teu|rin, die Redakteurinnen

die Re|de, die Reden

re|den, redet, redete, geredet

die Re|gel, die Regeln

re|geln, regelt, regelte, geregelt

die Re|gel|schu|le

der Re|gen

der Re|gen|bo|gen, die Regenbögen

der Re|gen|schirm, die Regenschirme

re|gie|ren, regiert, regierte, regiert

zu **recht/Recht:**

Kleinschreibung:
- ein rechter Winkel
- der rechte Zeitpunkt
- Dir kann man nichts recht machen.
- Das geschieht ihm recht!

Großschreibung:
- im Recht sein
- mit Recht
- Vor Gericht wird Recht gesprochen.

die Re|gie|rung, die Regierungen
reg|nen, regnet, regnete, geregnet
reg|ne|risch *(↔ trocken, niederschlagsfrei)*
das Reh, die Rehe
rei|ben, reibt, rieb, gerieben
reich *(↔ arm)*
reich|lich
der Reich|tum, die Reichtümer
reif
der Rei|fen, die Reifen
rei|fen, reift, reifte, gereift
die Rei|he, die Reihen
der Reim, die Reime
rein
rei|ni|gen, reinigt, reinigte, gereinigt
die Rei|ni|gung, die Reinigungen
der Reis
die Rei|se, die Reisen
rei|sen, reist, reiste, gereist
rei|ßen, reißt, riss, gerissen
der Reiß|ver|schluss, die Reißverschlüsse

rei|ten, reitet, ritt, geritten
der Rei|ter, die Reiter
die Rei|te|rin, die Reiterinnen
die Re|kla|me, die Reklamen
der Re|kord, die Rekorde *(Bestleistung)*
der Rek|tor, die Rektoren
die Rek|to|rin, die Rektorinnen
die Re|li|gi|on, die Religionen
das Renn|au|to, die Rennautos
ren|nen, rennt, rannte, gerannt
re|no|vie|ren, renoviert, renovierte, renoviert
die Re|no|vie|rung, die Renovierungen *(Erneuerung oder Instandsetzung, z.B. einer Wohnung)*
die Ren|te, die Renten
der Rent|ner, die Rentner
die Rent|ne|rin, die Rentnerinnen
die Re|pa|ra|tur, die Reparaturen
re|pa|rie|ren, repariert, reparierte, repariert
die Re|por|ta|ge, die Reportagen *(Berichterstattung, z.B. für das Fernsehen)*
der Re|por|ter, die Reporter
die Re|por|te|rin, die Reporterinnen

die Re|pu|blik (Re|pub|lik), die Republiken
die Re|ser|ve, die Reserven
re|ser|vie|ren, reserviert, reservierte, reserviert
der Res|pekt (Re|spekt)
res|pek|tie|ren (re|spek|tie|ren), respektiert, respektierte, respektiert
der Rest, die Reste
das Res|tau|rant (Re|stau|rant), die Restaurants
ret|ten, rettet, rettete, gerettet
die Reue *(Bedauern)*
das Re|zept, die Rezepte
der Rha|bar|ber
Rhein|land-Pfalz
rhyth|misch
der Rhyth|mus, die Rhythmen *(Takt)*
der Rich|ter, die Richter
die Rich|te|rin, die Richterinnen
rich|tig *(↔ falsch)*
die Rich|tung, die Richtungen
er rieb (→ reiben)
rie|chen, riecht, roch, gerochen
sie rief (→ rufen)
er rief an (→ anrufen)
sie rief zu (→ zurufen)
der Rie|gel, die Riegel
der Rie|se, die Riesen
rie|sig *(↔ winzig, klein)*
er riet (→ raten)
das Rind, die Rinder
der Ring, die Ringe
die Rip|pe, die Rippen
das Ri|si|ko, die Risiken
sie riss (→ reißen)
der Riss, die Risse
er ritt (→ reiten)
der Ritt, die Ritte
der Rit|ter, die Ritter
rit|ter|lich

zu **richtig/Richtiges:**

Kleinschreibung:
- die richtige Lösung
- Das hast du richtig gemacht.

Großschreibung:
- das Richtige tun
- Er ist genau der Richtige für diese Aufgabe.

die **Rit|ter|rüs|tung**, die Ritterrüstungen
der **Rit|ter|saal**, die Rittersäle
der **Ro|bo|ter**, die Roboter

sie **roch** (→ riechen)
der **Rock**, die Röcke
ro|deln, rodelt, rodelte, gerodelt
der **Rog|gen**
roh
das **Rohr**, die Rohre
die **Rol|le**, die Rollen
rol|len, rollt, rollte, gerollt
der **Rol|ler**, die Roller
der **Roll|la|den**, die Rollläden
der **Roll|schuh**, die Rollschuhe
der **Ro|man**, die Romane
rönt|gen, röntgt, röntgte, geröntgt *(in der Medizin: mit Röntgenstrahlen durchleuchten)*
ro|sa
die **Ro|se**, die Rosen
die **Ro|si|ne**, die Rosinen
der **Rost**, die Roste
der **Rost** *(an Eisen)*
ros|tig
rot
das **Rot|kehl|chen**, die Rotkehlchen
die **Rü|be**, die Rüben

zu **rot/Rot:**

Kleinschreibung:
- rote Farbe
- rote Grütze

Großschreibung:
- die Farbe Rot
- Alarmstufe Rot
- das Rote Meer

groß *oder* klein:
- die rote *oder* Rote Karte

der **Rü|cken**, die Rücken
rü|cken, rückt, rückte, gerückt
der **Ruck|sack**, die Rucksäcke
die **Rück|sicht**
rück|wärts
das **Ru|del**, die Rudel
das **Ru|der**, die Ruder
ru|dern, rudert, ruderte, gerudert
ru|fen, ruft, rief, gerufen
die **Ru|he**
ru|hen, ruht, ruhte, geruht
ru|hig
rüh|ren, rührt, rührte, gerührt

A B C D E F G H I J K L M N O P Q **R** S T U V W X Y Z

die Rüh|rung
die Ru|i|ne, die Ruinen *(zerfallenes Bauwerk)*
Ru|mä|ni|en
ru|mä|nisch
rund
run|ter
der Ruß
der Rüs|sel, die Rüssel
rus|sisch
Russ|land
die Rüs|tung, die Rüstungen
die Rutsch|bahn, die Rutschbahnen
die Rut|sche, die Rutschen
rut|schen, rutscht, rutschte, gerutscht
rüt|teln, rüttelt, rüttelte, gerüttelt

S

der Saal, die Säle
das Saar|land
die Saat, die Saaten
die Sa|che, die Sachen
die Sach|kun|de
sach|lich
Sach|sen
Sach|sen-An|halt
der Sach|un|ter|richt
der Sack, die Säcke
sä|en, sät, säte, gesät
der Saft, die Säfte
saf|tig
die Sa|ge, die Sagen
die Sä|ge, die Sägen
sa|gen, sagt, sagte, gesagt
sä|gen, sägt, sägte, gesägt
er sah (→ sehen)
sie sah aus (→ aussehen)
er sah fern (→ fernsehen)
sie sah ihn wie|der (→ wiedersehen)
die Sah|ne
der Sa|la|man|der, die Salamander
die Sa|la|mi, die Salamis
der Sa|lat, die Salate
die Sal|be, die Salben
der Sal|to, die Salti *(Überschlag, Rolle in der Luft)*
das Salz, die Salze
der Sa|men, die Samen
sam|meln, sammelt, sammelte, gesammelt

die **Samm|lung**, die Sammlungen
der **Sams|tag**, die Samstage
der **Samt**
der **Sand**
die **San|da|le**, die Sandalen
san|dig
der **Sand|kas|ten**, die Sandkästen
er **sand|te** (→ senden)
sie **sang** (→ singen)
der **Sän|ger**, die Sänger
die **Sän|ge|rin**, die Sängerinnen
er **sank** (→ sinken)
der **Sarg**, die Särge
sie **saß** (→ sitzen)
satt *(↔ hungrig)*
der **Sat|tel**, die Sättel
der **Satz**, die Sätze
die **Satz|aus|sa|ge**, die Satzaussagen
der **Satz|ge|gen|stand**, die Satzgegenstände
die **Sau**, die Säue
sau|ber *(↔ dreckig, verschmutzt)*
säu|bern, säubert, säuberte, gesäubert
sau|er *(↔ süß)*
der **Sau|er|stoff**

sau|gen, saugt, saugte, gesaugt
das **Säu|ge|tier**, die Säugetiere
der **Säug|ling**, die Säuglinge
die **Säu|le**, die Säulen

die **Säu|re**, die Säuren
sau|sen, saust, sauste, gesaust
das **Sa|xo|fon**, die Saxofone *(ein Blasinstrument)*
die **S-Bahn**, die S-Bahnen
der **Scan|ner**, die Scanner *(ein Gerät, das den Strichcode an einer Ware einlesen kann)*

die **Scha|blo|ne** **(Schab|lo|ne)**, die Schablonen
das **Schach**
die **Schach|tel**, die Schachteln
scha|de
der **Schä|del**, die Schädel
der **Scha|den**, die Schäden
scha|den, schadet, schadete, geschadet
schäd|lich
das **Schaf**, die Schafe
der **Schä|fer|hund**, die Schäferhunde

A B C D E F G H I J K L M N O P Q R **S** T U V W X Y Z

A B C D E F G H I J K L M N O P Q R **S** T U V W X Y Z

schaf|fen, schafft, schaffte, geschafft *(etwas vollbringen, arbeiten)*
schaf|fen, schafft, schuf, geschaffen *(etwas erschaffen, gestalten)*
der Schaff|ner, die Schaffner
die Schaff|ne|rin, die Schaffnerinnen
der Schal, die Schals
die Scha|le, die Schalen
schä|len, schält, schälte, geschält
der Schall
schal|ten, schaltet, schaltete, geschaltet
der Schal|ter, die Schalter
die Scham
sich schä|men, schämt sich, schämte sich, hat sich geschämt
die Schan|de
scharf, schärfer, am schärfsten *(↔ mild)*
die Schär|fe, die Schärfen
der Schar|lach *(eine Krankheit)*
der Schat|ten, die Schatten
schat|tig *(↔ sonnig)*
der Schatz, die Schätze
schau|en, schaut, schaute, geschaut
die Schau|fel, die Schaufeln
schau|feln, schaufelt, schaufelte, geschaufelt
die Schau|kel, die Schaukeln
schau|keln, schaukelt, schaukelte, geschaukelt
der Schaum, die Schäume
der Schau|spie|ler, die Schauspieler
die Schau|spie|le|rin, die Schauspielerinnen
die Schei|be, die Scheiben
die Schei|de, die Scheiden
die Schei|dung, die Scheidungen
schei|nen, scheint, schien, geschienen
der Schen|kel, die Schenkel
schen|ken, schenkt, schenkte, geschenkt
die Scher|be, die Scherben
die Sche|re, die Scheren
der Scherz, die Scherze
scher|zen, scherzt, scherzte, gescherzt
scheu
scheu|chen, scheucht, scheuchte, gescheucht

scheu|ern, scheuert, scheuerte, gescheuert
die Scheu|ne, die Scheunen
scheuß|lich
die Schicht, die Schichten
schi|cken, schickt, schickte, geschickt
das Schick|sal, die Schicksale
schie|ben, schiebt, schob, geschoben
der Schieds|rich|ter, die Schiedsrichter
schief *(↔ gerade, eben)*
sie schien (→ scheinen)
die Schie|ne, die Schienen
schie|ßen, schießt, schoss, geschossen
das Schiff, die Schiffe
das Schild, die Schilder
die Schild|krö|te, die Schildkröten
das Schilf
der Schim|mel, die Schimmel
schim|meln, schimmelt, schimmelte, geschimmelt
der Schim|pan|se, die Schimpansen

schimp|fen, schimpft, schimpfte, geschimpft
das Schimpf|wort, die Schimpfwörter
der Schin|ken, die Schinken
der Schirm, die Schirme
die Schlacht, die Schlachten
schlach|ten, schlachtet, schlachtete, geschlachtet
der Schlaf
der Schlaf|an|zug, die Schlafanzüge
schla|fen, schläft, schlief, geschlafen
er schläft (→ schlafen)
der Schlag, die Schläge
schla|gen, schlägt, schlug, geschlagen
die Schlä|ge|rei, die Schlägereien
sie schlägt (→ schlagen)
er schlägt vor (→ vorschlagen)
das Schlag|zeug, die Schlagzeuge
der Schlamm
schlam|mig
die Schlan|ge, die Schlangen
schlank *(↔ dick, übergewichtig)*
schlau
der Schlauch, die Schläuche

A B C D E F G H I J K L M N O P Q R **S** T U V W X Y Z

schlecht (↔ *gut*)

schlei|chen, schleicht, schlich, geschlichen

der Schlei|er, die Schleier

die Schlei|fe, die Schleifen

der Schleim

schlen|dern, schlendert, schlenderte, geschlendert

die Schlep|pe, die Schleppen

schlep|pen, schleppt, schleppte, geschleppt

Schles|wig-Hol|stein

die Schleu|se, die Schleusen

er schlich (→ schleichen)

sie schlief (→ schlafen)

schlie|ßen, schließt, schloss, geschlossen

schließ|lich

schlimm

der Schlips, die Schlipse

der Schlit|ten, die Schlitten

der Schlitt|schuh, die Schlittschuhe

er schloss (→ schließen)

sie schloss ab (→ abschließen)

das Schloss, die Schlösser

die Schlucht, die Schluchten

schluch|zen, schluchzt, schluchzte, geschluchzt

schlu|cken, schluckt, schluckte, geschluckt

er schlug (→ schlagen)

sie schlug vor (→ vorschlagen)

schlüp|fen, schlüpft, schlüpfte, geschlüpft

schlür|fen, schlürft, schlürfte, geschlürft

der Schluss

der Schlüs|sel, die Schlüssel

schmal (↔ *breit*)

das Schmalz

schme|cken, schmeckt, schmeckte, geschmeckt

schmei|cheln, schmeichelt, schmeichelte, geschmeichelt

schmei|ßen, schmeißt, schmiss, geschmissen

zu **schlecht/ Schlechtes:**

Kleinschreibung:
- schlechtes Wetter
- Mir ist schlecht.

Großschreibung:
- Sie wünscht ihm nichts Schlechtes.
- im Guten und im Schlechten

schmel|zen, schmilzt, schmolz, geschmolzen
der Schmerz, die Schmerzen
schmer|zen, schmerzt, schmerzte, geschmerzt
der Schmet|ter|ling, die Schmetterlinge
der Schmied, die Schmiede
die Schmie|de, die Schmieden
schmie|ren, schmiert, schmierte, geschmiert
es schmilzt (→ schmelzen)
die Schmin|ke
schmin|ken, schminkt, schminkte, geschminkt
sie schmiss (→ schmeißen)
es schmolz (→ schmelzen)
der Schmuck
schmü|cken, schmückt, schmückte, geschmückt
schmun|zeln, schmunzelt, schmunzelte, geschmunzelt
schmu|sen, schmust, schmuste, geschmust
der Schmutz
schmut|zig (↔ *sauber*)
der Schna|bel, die Schnäbel
die Schnal|le, die Schnallen
schnap|pen, schnappt, schnappte, geschnappt
schnar|chen, schnarcht, schnarchte, geschnarcht
die Schnau|ze, die Schnauzen
die Schne|cke, die Schnecken
der Schnee
der Schnee|ball, die Schneebälle
die Schnee|flo|cke, die Schneeflocken
der Schnee|mann, die Schneemänner
schnei|den, schneidet, schnitt, geschnitten
der Schnei|der, die Schneider
die Schnei|de|rin, die Schneiderinnen
schnei|dern, schneidert, schneiderte, geschneidert
schnei|en, schneit, schneite, geschneit
schnell (↔ *langsam*)
die Schnel|lig|keit
sie schnitt (→ schneiden)
er schnitt ab (→ abschneiden)
sie schnitt aus (→ ausschneiden)
der Schnitt, die Schnitte

A B C D E F G H I J K L M N O P Q R **S** T U V W X Y Z

A B C D E F G H I J K L M N O P Q R S T U V W X Y Z

der Schnitt|lauch
das Schnit|zel, die Schnitzel
schnit|zen, schnitzt, schnitzte, geschnitzt

der Schnor|chel, die Schnorchel
der Schnul|ler, die Schnuller
der Schnup|fen, die Schnupfen
schnup|pern, schnuppert, schnupperte, geschnuppert
die Schnur, die Schnüre
der Schnurr|bart, die Schnurrbärte
schnur|ren, schnurrt, schnurrte, geschnurrt
der Schnür|sen|kel, die Schnürsenkel
er schob (→ schieben)
die Scho|ko|la|de, die Schokoladen
schon
schön (↔ *hässlich*)
scho|nen, schont, schonte, geschont
die Schön|heit, die Schönheiten
der Schöp|fer, die Schöpfer
die Schöp|fung, die Schöpfungen
der Schorn|stein, die Schornsteine
der Schorn|stein|fe|ger, die Schornsteinfeger
sie schoss (→ schießen)
der Schoß, die Schöße
schräg
die Schram|me, die Schrammen

der Schrank, die Schränke
die Schrau|be, die Schrauben

zu **schön/Schönes:**

Kleinschreibung:
- eine schöne Blume
- sich schön anziehen

Großschreibung:
- Ich bin die Schönste!
- etwas Schönes

zusammen:
- schönschreiben (= in Schönschrift schreiben)
- schönreden (= etwas beschönigen, das heißt: besser darstellen, als es ist)

schrau|ben, schraubt, schraubte, geschraubt
der Schrau|ben|zie|her, die Schraubenzieher
der Schreck, die Schrecken
schreck|lich
der Schrei, die Schreie
schrei|ben, schreibt, schrieb, geschrieben
die Schreib|schrift
der Schreib|tisch, die Schreibtische
schrei|en, schreit, schrie, geschrien
der Schrei|ner, die Schreiner
er schrie (→ schreien)
sie schrieb (→ schreiben)
er schrieb ab (→ abschreiben)
die Schrift, die Schriften
schrift|lich *(↔ mündlich)*
der Schrift|stel|ler, die Schriftsteller
die Schrift|stel|le|rin, die Schriftstellerinnen
der Schrott
schrump|fen, schrumpft, schrumpfte, geschrumpft
die Schub|kar|re, die Schubkarren
die Schub|la|de, die Schubladen
schub|sen, schubst, schubste, geschubst
schüch|tern *(↔ forsch)*
die Schüch|tern|heit
sie schuf (→ schaffen)
der Schuh, die Schuhe
der Schul|bus, die Schulbusse
die Schuld
schul|dig
die Schu|le, die Schulen
der Schü|ler, die Schüler
die Schü|le|rin, die Schülerinnen
der Schul|hof, die Schulhöfe
das Schul|jahr, die Schuljahre
der Schul|lei|ter, die Schulleiter
die Schul|lei|te|rin, die Schulleiterinnen
die Schul|ter, die Schultern
schum|meln, schummelt, schummelte, geschummelt
der Schup|pen, die Schuppen
die Schür|ze, die Schürzen
der Schuss, die Schüsse
die Schüs|sel, die Schüsseln
der Schus|ter, die Schuster

A B C D E F G H I J K L M N O P Q R **S** T U V W X Y Z

schüt|teln, schüttelt, schüttelte, geschüttelt
schüt|ten, schüttet, schüttete, geschüttet
der Schutz
schüt|zen, schützt, schützte, geschützt
schwach, schwächer, am schwächsten *(↔ stark)*
die Schwä|che, die Schwächen
der Schwa|ger, die Schwager
die Schwä|ge|rin, die Schwägerinnen
die Schwal|be, die Schwalben
er schwamm (→ schwimmen)
der Schwamm, die Schwämme
der Schwan, die Schwäne
sie schwang (→ schwingen)
schwan|ger
die Schwan|ger|schaft, die Schwangerschaften
der Schwanz, die Schwänze
schwär|men, schwärmt, schwärmte, geschwärmt
schwarz
schwat|zen, schwatzt, schwatzte, geschwatzt
schwe|ben, schwebt, schwebte, geschwebt
Schwe|den
schwe|disch
schwei|gen, schweigt, schwieg, geschwiegen
das Schwein, die Schweine

der Schweiß
die Schweiz
schwei|ze|risch
schwer *(↔ leicht)*
schwer|hö|rig
das Schwert, die Schwerter
die Schwes|ter, die Schwestern
er schwieg (→ schweigen)
die Schwie|ger|mut|ter, die Schwiegermütter
der Schwie|ger|va|ter, die Schwiegerväter
schwie|rig *(↔ einfach)*
die Schwie|rig|keit, die Schwierigkeiten

zu **schwarz/Schwarz:**

Kleinschreibung:
- schwarz auf weiß
- schwarzer Tee
- Er ist das schwarze Schaf der Familie.

Großschreibung:
- die Farbe Schwarz
- ins Schwarze treffen
- das Schwarze Meer

das Schwimm|bad, die Schwimmbäder
schwim|men, schwimmt, schwamm, geschwommen
der Schwimm|flü|gel, die Schwimmflügel
schwin|del|frei
schwin|de|lig
schwin|deln, schwindelt, schwindelte, geschwindelt
schwin|gen, schwingt, schwang, geschwungen
schwit|zen, schwitzt, schwitzte, geschwitzt
sie schwor (→ schwören)
schwö|ren, schwört, schwor, geschworen
der Schwung, die Schwünge
der Schwur, die Schwüre
sechs
sech|zehn
sech|zig
der See, die Seen
die See|le, die Seelen
se|geln, segelt, segelte, gesegelt
der Se|gen, die Segen
seg|nen, segnet, segnete, gesegnet
se|hen, sieht, sah, gesehen
die Seh|ne, die Sehnen
sich seh|nen, sehnt sich, sehnte sich, hat sich gesehnt
die Sehn|sucht, die Sehnsüchte
sehr
ihr seid (→ sein)
die Sei|de, die Seiden
die Sei|fe, die Seifen
das Seil, die Seile
sein, bin, bist, ist, seid, sind; war, gewesen
sein, seine, seiner
seit
die Sei|te, die Seiten
die Se|kre|tä|rin (Sek|re|tä|rin), die Sekretärinnen

zu **sechs/Sechs:**

Kleinschreibung:
- Es ist sechs Uhr.
- Wir sind zu sechst.
- Sie isst schon das sechste Stück Torte.

Großschreibung:
- Sie würfelt eine Sechs.
- eine Sechs im Diktat
- Der Läufer wurde Sechster.

A B C D E F G H I J K L M N O P Q R **S** T U V W X Y Z

der Sekt
die Se|kun|de, die Sekunden
sel|ber, selbst
der Selbst|laut, die Selbstlaute
selbst|stän|dig
selbst|ver|ständ|lich
se|lig
sel|ten *(↔ häufig, oft)*
das Se|mi|ko|lon, die Semikola *(ein Satzzeichen: Strichpunkt)*
die Sem|mel, die Semmeln
sen|den, sendet, sandte, gesandt
die Sen|dung, die Sendungen
der Senf
senk|recht
die Sen|se, die Sensen
der Sep|tem|ber
Ser|bi|en
ser|bisch
die Se|rie, die Serien
die Ser|vi|et|te, die Servietten
der Ses|sel, die Sessel
sich set|zen, setzt sich, setzte sich, hat sich gesetzt
seuf|zen, seufzt, seufzte, geseufzt
der Seuf|zer, die Seufzer
das Sham|poo, die Shampoos *(flüssiges Haarwaschmittel)*
der She|riff, die Sheriffs
das Shirt, die Shirts
die Shorts *(englisches Wort für eine sportliche kurze Hose)*
die Show, die Shows *(Vorführung, Unterhaltungsprogramm)*
sich
si|cher
die Si|cher|heit
sie
das Sieb, die Siebe
sie|ben, siebt, siebte, gesiebt
sie|ben
sieb|zehn
sieb|zig
die Sied|lung, die Siedlungen
der Sieg, die Siege
sie|gen, siegt, siegte, gesiegt
der Sie|ger, die Sieger
die Sie|ge|rin, die Siegerinnen
er sieht (→ sehen)
sie sieht aus (→ aussehen)
er sieht fern (→ fernsehen)
sie sieht ihn wie|der (→ wiedersehen)
das Si|gnal (Sig|nal), die Signale
die Sil|be, die Silben *(Wortbestandteil)*
das Sil|ber

sil|bern
das Sil|ves|ter, die Silvester
wir sind (→ sein)
sin|gen, singt, sang, gesungen
der Sin|gu|lar *(Einzahl)*
sin|ken, sinkt, sank, gesunken
der Sinn, die Sinne
sinn|los *(↔ sinnvoll)*
die Si|re|ne, die Sirenen
die Si|tu|a|ti|on, die Situationen
sit|zen, sitzt, saß, gesessen
das Skate|board, die Skateboards

der Ska|ter, die Skater *(englisches Wort für Rollschuhläufer)*
die Ska|te|rin, die Skaterinnen
das Ske|lett, die Skelette
der Ski, die Skier
die Skiz|ze, die Skizzen *(Zeichnung)*
skiz|zie|ren, skizziert, skizzierte, skizziert
der Slip, die Slips *(englisches Wort für Unterhose)*
die Slo|wa|kei
slo|wa|kisch
Slo|we|ni|en
slo|we|nisch
der Smi|ley, die Smileys *(sogenanntes Emoticon in Form eines lachenden Gesichts)*
die SMS, die SMS *(Abkürzung für englisch **S**hort **M**essage **S**ervice)*
das Snow|board, die Snowboards *(ein Sportgerät: Brett zum Gleiten auf Schnee)*
so

zu **so:**

getrennt:
- so einer
- so etwas
- so schnell wie möglich
- So viel Geld willst du mir geben?
- Jetzt sind wir schon so weit gekommen!

zusammen:
- Soviel ich weiß, kommt morgen Onkel Gerd.
- Ich kaufe Gurken, Tomaten sowie Möhren ein.

so|bald
die So|cke, die Socken
so|dass
das So|fa, die Sofas
so|fort
die Soft|ware *(Computerprogramme)*
so|gar
die Soh|le, die Sohlen
der Sohn, die Söhne
die So|lar|ener|gie *(Sonnenenergie, die z.B. zum Heizen verwendet wird)*
sol|che, solcher, solches
der Sol|dat, die Soldaten
die Sol|da|tin, die Soldatinnen
sol|len, soll, sollte, gesollt
der Som|mer, die Sommer
die Som|mer|fe|ri|en
som|mer|lich *(↔ winterlich)*
son|dern
der Song, die Songs
der Sonn|abend, die Sonnabende
die Son|ne, die Sonnen
die Son|nen|blu|me, die Sonnenblumen
der Son|nen|schirm, die Sonnenschirme
son|nig
der Sonn|tag, die Sonntage
sonst
die Sor|ge, die Sorgen
sich sor|gen, sorgt sich, sorgte sich, hat sich gesorgt
die Sorg|falt
die Sor|te, die Sorten
sor|tie|ren, sortiert, sortierte, sortiert
die So|ße, die Soßen
so|wie
so|zi|al
die Spa|get|ti
die Span|ge, die Spangen
Spa|ni|en
spa|nisch
sie spann (→ spinnen)
span|nend
das Spar|buch, die Sparbücher
spa|ren, spart, sparte, gespart
spar|sam *(↔ verschwenderisch)*
das Spar|schwein, die Sparschweine
der Spaß, die Späße
spa|ßig
spät *(↔ früh)*
der Spa|ten, die Spaten
spä|ter
der Spatz, die Spatzen

spa|zie|ren, spaziert spazierte, spaziert
der Spa|zier|gang, die Spaziergänge
der Specht, die Spechte
der Spei|cher, die Speicher
die Spei|se, die Speisen
spei|sen, speist, speiste, gespeist
die Spen|de, die Spenden
spen|den, spendet, spendete, gespendet
der Sper|ling, die Sperlinge
sper|ren, sperrt, sperrte, gesperrt
der Spe|zi|a|list, die Spezialisten
die Spe|zi|a|lis|tin, die Spezialistinnen
spe|zi|ell
der Spie|gel, die Spiegel
sich spie|geln, spiegelt sich, spiegelte sich, hat sich gespiegelt
das Spiel, die Spiele
spie|len, spielt, spielte, gespielt
der Spie|ler, die Spieler
die Spie|le|rin, die Spielerinnen
der Spiel|platz, die Spielplätze
die Spiel|re|gel, die Spielregeln
das Spiel|zeug, die Spielzeuge
der Spi|nat
die Spin|ne, die Spinnen

spin|nen, spinnt, spann, gesponnen
spitz *(↔ stumpf)*
die Spit|ze, die Spitzen
der Sport
der Sport|ler, die Sportler
die Sport|le|rin, die Sportlerinnen
sport|lich
der Sport|platz, die Sportplätze
der Sport|ver|ein, die Sportvereine
der Spot, die Spots *(englisches Wort für einen kurzen Werbetext oder -film)*
er sprach (→ sprechen)
die Spra|che, die Sprachen
sie sprang (→ springen)
das Spray, die Sprays
der Spray|er, die Sprayer *(jemand, der mit einer Spraydose Bilder [Graffiti] an Wände sprüht)*
spre|chen, spricht, sprach, gesprochen

A B C D E F G H I J K L M N O P Q R S T U V W X Y Z

er **spricht** (→ sprechen)
das **Sprich|wort**, die Sprichwörter
sprin|gen, springt, sprang, gesprungen
der **Sprit**
die **Sprit|ze**, die Spritzen
sprit|zen, spritzt, spritzte, gespritzt
der **Spruch**, die Sprüche
sprü|hen, sprüht, sprühte, gesprüht
der **Sprung**, die Sprünge
die **Spu|cke**
spu|cken, spuckt, spuckte, gespuckt
der **Spuk**
spu|ken, spukt, spukte, gespukt
spü|len, spült, spülte, gespült
die **Spur**, die Spuren
spü|ren, spürt, spürte, gespürt
der **Staat**, die Staaten
staat|lich
der **Stab**, die Stäbe
sta|bil *(fest)*
sie **stach** (→ stechen)
der **Sta|chel**, die Stachel
das **Sta|di|on**, die Stadien *(Versammlungsort, z.B. für Sportwettkämpfe)*
die **Stadt**, die Städte
städ|tisch *(↔ ländlich, dörflich)*
die **Staf|fel**, die Staffeln
der **Stahl**
er **stahl** (→ stehlen)
der **Stall**, die Ställe
der **Stamm**, die Stämme
sie **stand** (→ stehen)
er **stand auf** (→ aufstehen)
die **Stan|ge**, die Stangen
der **Stän|gel**, die Stängel
es **stank** (→ stinken)
der **Sta|pel**, die Stapel
sta|peln, stapelt, stapelte, gestapelt
der **Star**, die Stare *(ein Vogel)*
der **Star**, die Stars *(englisches Wort für eine berühmte Person, z.B. einen Schauspieler)*
sie **starb** (→ sterben)
stark, stärker, am stärksten *(↔ schwach, mild)*
sich **stär|ken**, stärkt sich, stärkte sich, hat sich gestärkt
starr *(↔ biegsam, beweglich)*

der **Start**, die Starts
star|ten, startet, startete, gestartet
die **Sta|ti|on**, die Stationen
statt|fin|den, findet statt, fand statt, stattgefunden
statt|ge|fun|den (→ stattfinden)
der **Stau**, die Staus
der **Staub**
stau|big
der **Staub|sau|ger**, die Staubsauger

zu **stehen/Stehen:**

Kleinschreibung:
- du stehst
- Mein Taschengeld steht mir zur Verfügung.

Großschreibung:
- Anna ist so müde, sie schläft schon im Stehen.
- Oma fällt das lange Stehen schwer.
- Sie versuchte, das Auto zum Stehen zu bringen.

stau|nen, staunt, staunte, gestaunt
ste|chen, sticht, stach, gestochen
ste|cken, steckt, steckte, gesteckt
der **Ste|cker**, die Stecker
der **Steg**, die Stege
ste|hen, steht, stand, gestanden
steh|len, stiehlt, stahl, gestohlen
steif *(↔ biegsam, beweglich)*
stei|gen, steigt, stieg, gestiegen
stei|gern, steigert, steigerte, gesteigert
steil *(↔ flach)*
der **Stein**, die Steine
stei|nig
die **Stein|zeit**
die **Stel|le**, die Stellen
stel|len, stellt, stellte, gestellt
die **Stel|lung**, die Stellungen
die **Stel|ze**, die Stelzen

der **Stem|pel**, die Stempel
die **Step|pe**, die Steppen
ster|ben, stirbt, starb, gestorben

A B C D E F G H I J K L M N O P Q R **S** T U V W X Y Z

A B C D E F G H I J K L M N O P Q R **S** T U V W X Y Z

die **Ste|reo|an|la|ge**, die Stereoanlagen *(Musikanlage)*
der **Stern**, die Sterne
stets
das **Steu|er**, die Steuer
steu|ern, steuert, steuerte, gesteuert
der **Stich**, die Stiche
er **sticht** (→ stechen)
das **Stich|wort**, die Stichworte
sti|cken, stickt, stickte, gestickt
der **Sti|cker**, die Sticker *(englisches Wort für Aufkleber)*
sti|ckig
der **Stie|fel**, die Stiefel
sie **stieg** (→ steigen)
er **stiehlt** (→ stehlen)
der **Stiel**, die Stiele
der **Stier**, die Stiere
sie **stieß** (→ stoßen)
er **stieß zu|sam|men** (→ zusammenstoßen)
der **Stift**, die Stifte
still (↔ *laut, unruhig*)
die **Stil|le**
die **Stim|me**, die Stimmen
stim|men, stimmt, stimmte, gestimmt
stin|ken, stinkt, stank, gestunken
sie **stirbt** (→ sterben)
die **Stirn**, die Stirnen
stö|bern, stöbert, stöberte, gestöbert
der **Stock**, die Stöcke
das **Stock|werk**, die Stockwerke
der **Stoff**, die Stoffe
das **Stoff|tier**, die Stofftiere
stöh|nen, stöhnt, stöhnte, gestöhnt
stol|pern, stolpert, stolperte, gestolpert
stolz
der **Stolz**
der **Stop|fen**, die Stopfen
stop|fen, stopft, stopfte, gestopft
der **Stopp**, die Stopps
stop|pen, stoppt, stoppte, gestoppt
das **Stopp|schild**, die Stoppschilder
die **Stopp|uhr**, die Stoppuhren

der **Storch**, die Störche
stö|ren, stört, störte, gestört
stör|risch (↔ *nachgiebig*)

die **Stö|rung**, die Störungen
der **Stoß**, die Stöße
sto|ßen, stößt, stieß, gestoßen
er **stößt zu|sam|men** (→ zusammenstoßen)
stot|tern, stottert, stotterte, gestottert
die **Stra|fe**, die Strafen
stra|fen, straft, strafte, gestraft
der **Strahl**, die Strahlen
strah|len, strahlt, strahlte, gestrahlt
die **Sträh|ne**, die Strähnen
der **Strand**, die Strände
die **Stra|ße**, die Straßen
die **Stra|ßen|bahn**, die Straßenbahnen
der **Strauch**, die Sträucher
der **Strauß**, die Sträuße
der **Stre|ber**, die Streber
die **Stre|cke**, die Strecken
der **Streich**, die Streiche
strei|cheln, streichelt, streichelte, gestreichelt
strei|chen, streicht, strich, gestrichen

das **Streich|holz**, die Streichhölzer
der **Strei|fen**, die Streifen
der **Streik**, die Streiks
der **Streit**, die Streite
sich **strei|ten**, streitet sich, stritt sich, hat sich gestritten
streng (↔ *nachgiebig*)
die **Stren|ge**
der **Stress**
streu|en, streut, streute, gestreut
streu|nen, streunt, streunte, gestreunt
der **Streu|sel**, die Streusel
sie **strich** (→ streichen)
der **Strich**, die Striche
der **Strick**, die Stricke
stri|cken, strickt, strickte, gestrickt
er **stritt** (→ streiten)
das **Stroh**
der **Stroh|halm**, die Strohhalme
der **Strom** (*Elektrizität*)
der **Strom**, die Ströme (*Fluss*)
strö|men, strömt, strömte, geströmt
die **Stro|phe**, die Strophen (*Teil eines Gedichts oder Liedes*)
der **Strumpf**, die Strümpfe
die **Strumpf|ho|se**, die Strumpfhosen
die **Stu|be**, die Stuben

A B C D E F G H I J K L M N O P Q R **S** T U V W X Y Z

das **Stück**, die Stücke
stu|die|ren, studiert, studierte, studiert
das **Stu|di|um**
die **Stu|fe**, die Stufen
der **Stuhl**, die Stühle
stumm
stumpf *(↔ spitz)*
die **Stun|de**, die Stunden
der **Stun|den|plan**, die Stundenpläne
stur
der **Sturm**, die Stürme
stür|men, stürmt, stürmte, gestürmt
stür|misch *(↔ windstill)*
der **Sturz**, die Stürze
stür|zen, stürzt, stürzte, gestürzt
die **Stu|te**, die Stuten
stüt|zen, stützt, stützte, gestützt
das **Sub|jekt**, die Subjekte *(Satzgegenstand)*
das **Subs|tan|tiv (Sub|stan|tiv)**, die Substantive *(Wortart: Namenwort)*
sub|tra|hie|ren, subtrahiert, subtrahierte, subtrahiert
die **Sub|trak|ti|on**, die Subtraktionen
su|chen, sucht, suchte, gesucht
die **Such|ma|schi|ne**, die Suchmaschinen *(Programm für die Suche nach Informationen im Internet)*
die **Sucht**, die Süchte
der **Sü|den**
süd|lich
die **Sum|me**, die Summen
sum|men, summt, summte, gesummt
der **Sumpf**, die Sümpfe
die **Sün|de**, die Sünden
su|per
der **Su|per|markt**, die Supermärkte
die **Sup|pe**, die Suppen
sur|fen, surft, surfte, gesurft
süß *(↔ sauer)*
die **Sü|ßig|keit**, die Süßigkeiten
das **Sweat|shirt**, die Sweatshirts
das **Sym|bol**, die Symbole *(Sinnbild)*
das **Sys|tem**, die Systeme
die **Sze|ne**, die Szenen

T

die Ta|bel|le, die Tabellen
das Ta|blett (Tab|lett), die Tabletts
die Ta|blet|te (Tab|let|te), die Tabletten
der Ta|cho, die Tachos *(Geschwindigkeitsmesser)*

ta|deln, tadelt, tadelte, getadelt
die Ta|fel, die Tafeln
der Tag, die Tage
das Ta|ge|buch, die Tagebücher
täg|lich
der Takt, die Takte
das Tal, die Täler
der Tank, die Tanks
tan|ken, tankt, tankte, getankt
der Tan|ker, die Tanker
die Tank|stel|le, die Tankstellen
die Tan|ne, die Tannen
die Tan|te, die Tanten
der Tanz, die Tänze
tan|zen, tanzt, tanzte, getanzt
der Tän|zer, die Tänzer
die Tän|ze|rin, die Tänzerinnen
die Ta|pe|te, die Tapeten
ta|pe|zie|ren, tapeziert, tapezierte, tapeziert
tap|fer *(↔ feige, mutlos)*
die Tap|fer|keit
die Ta|sche, die Taschen
das Ta|schen|tuch, die Taschentücher
die Tas|se, die Tassen
die Tas|ta|tur, die Tastaturen
die Tas|te, die Tasten
tas|ten, tastet, tastete, getastet

er tat (→ tun)
die Tat, die Taten
der Tä|ter, die Täter
die Tä|te|rin, die Täterinnen
tä|tig
die Tä|tig|keit, die Tätigkeiten

zu **Tag/tags:**

Großschreibung:
- Tag und Nacht
- in vierzehn Tagen
- eines schönen Tages

Kleinschreibung:
- tags darauf
- tagelang
- tagsüber

die **Tat|sa|che**, die Tatsachen
tat|säch|lich
die **Tat|ze**, die Tatzen
der **Tau**
das **Tau**, die Taue *(ein starkes Seil)*
taub *(↔ hörend)*
die **Tau|be**, die Tauben
tau|chen, taucht, tauchte, getaucht
der **Tau|cher**, die Taucher
die **Tau|che|rin**, die Taucherinnen
tau|en, taut, taute, getaut
die **Tau|fe**, die Taufen
der **Tausch**, die Tausche
tau|schen, tauscht, tauschte, getauscht
tau|send
das **Ta|xi**, die Taxis
das **Team**, die Teams *(englisches Wort für Arbeitsgruppe oder Mannschaft)*
die **Tech|nik**, die Techniken
tech|nisch
der **Ted|dy**, die Teddys
der **Tee**, die Tees
der **Teer**
der **Teich**, die Teiche
der **Teig**, die Teige
der **Teil**, die Teile
tei|len, teilt, teilte, geteilt
teil|wei|se *(↔ vollständig)*
das **Te|le|fon**, die Telefone
te|le|fo|nie|ren, telefoniert, telefonierte, telefoniert
die **Te|le|fon|num|mer**, die Telefonnummern
das **Te|le|gramm**, die Telegramme
der **Tel|ler**, die Teller
der **Tem|pel**, die Tempel
die **Tem|pe|ra|tur**, die Temperaturen
das **Tem|po** *(Geschwindigkeit)*
das **Ten|nis**
der **Tep|pich**, die Teppiche
der **Ter|min**, die Termine
die **Ter|ras|se**, die Terrassen
der **Test**, die Tests
tes|ten, testet, testete, getestet
teu|er *(↔ billig, preiswert)*
der **Teu|fel**, die Teufel
der **Text**, die Texte
das **The|a|ter**, die Theater
die **The|ke**, die Theken

das **The|ma**, die Themen *(Leitgedanke, z.B. eines Aufsatzes; Gesprächsstoff in einer Unterhaltung)*

die **The|o|rie**, die Theorien

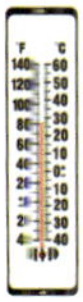

das **Ther|mo|me|ter** die Thermometer *(Temperaturmessgerät)*

der **Thron**, die Throne

Thü|rin|gen

ti|cken, tickt, tickte, getickt

das **Ti|cket**, die Tickets

tief *(↔ hoch)*

die **Tie|fe**, die Tiefen

das **Tier**, die Tiere

der **Tier|arzt**, die Tierärzte

die **Tier|ärz|tin**, die Tierärztinnen

das **Tier|heim**, die Tierheime

der **Tier|pfle|ger**, die Tierpfleger

die **Tier|pfle|ge|rin**, die Tierpflegerinnen

der **Tier|schutz**

der **Ti|ger**, die Tiger

die **Tin|te**, die Tinten

der **Tipp**, die Tipps

tip|pen, tippt, tippte, getippt

der **Tisch**, die Tische

der **Toast**, die Toasts

die **Toch|ter**, die Töchter

der **Tod**, die Tode

töd|lich

die **To|i|let|te**, die Toiletten

toll

die **To|ma|te**, die Tomaten

der **Ton** *(erdiges Material, aus dem durch Brennen z.B. Geschirr oder Vasen hergestellt werden können)*

der **Ton**, die Töne *(Laut)*

die **Ton|ne**, die Tonnen

der **Topf**, die Töpfe

das **Tor**, die Tore

der **Tor|nis|ter**, die Tornister *(Schulranzen)*

die **Tor|te**, die Torten

der **Tor|wart**, die Torwarte

tot *(↔ lebendig)*

to|tal

der **To|te**, die Toten

die **To|te**, die Toten

tö|ten, tötet, tötete, getötet

sich **tot|la|chen**, lacht sich tot, lachte sich tot, hat sich totgelacht

die **Tour**, die Touren

der **Tou|rist**, die Touristen

A B C D E F G H I J K L M N O P Q R S **T** U V W X Y Z

die **Tou|ris|tin**, die Touristinnen
der **Trab**
tra|ben, trabt, trabte, getrabt
die **Tra|di|ti|on**, die Traditionen *(Brauch, Gewohnheit)*
tra|di|ti|o|nell *(↔ neu, modern)*
sie **traf** (→ treffen)
tra|gen, trägt, trug, getragen
er **trägt** (→ tragen)
der **Trai|ner**, die Trainer
die **Trai|ne|rin**, die Trainerinnen
trai|nie|ren, trainiert, trainierte, trainiert
das **Trai|ning**, die Trainings
der **Trak|tor**, die Traktoren
tram|peln, trampelt, trampelte, getrampelt
das **Tram|po|lin**, die Trampoline

die **Trä|ne**, die Tränen
sie **trank** (→ trinken)
der **Trans|port**, die Transporte
trans|por|tie|ren, transportiert, transportierte, transportiert
er **trat** (→ treten)
die **Trau|be**, die Trauben
die **Trau|er**
trau|ern, trauert, trauerte, getrauert
der **Traum**, die Träume
träu|men, träumt, träumte, geträumt
trau|rig *(↔ fröhlich)*
die **Trau|ung**, die Trauungen
tref|fen, trifft, traf, getroffen
trei|ben, treibt, trieb, getrieben
tren|nen, trennt, trennte, getrennt
die **Tren|nung**, die Trennungen
die **Trep|pe**, die Treppen
tre|ten, tritt, trat, getreten
treu
die **Treue**
die **Tri|bü|ne**, die Tribünen
der **Trich|ter**, die Trichter
der **Trick**, die Tricks
sie **trieb** (→ treiben)
er **trifft** (→ treffen)
das **Tri|kot**, die Trikots *(ein Kleidungsstück, z.B. beim Sport)*

trin|ken, trinkt, trank, getrunken
sie tritt (→ treten)
der Tritt, die Tritte
tro|cken (↔ *nass, feucht)*
die Tro|cken|heit
trock|nen, trocknet, trocknete, getrocknet
trö|deln, trödelt, trödelte, getrödelt
die Trom|mel, die Trommeln
trom|meln, trommelt, trommelte, getrommelt
die Trom|pe|te, die Trompeten
der Trop|fen, die Tropfen
trop|fen, tropft, tropfte, getropft
der Trost
trös|ten, tröstet, tröstete, getröstet
der Trotz
trotz|dem
trot|zig
trüb (↔ *klar)*
er trug (→ tragen)
die Tru|he, die Truhen
tsche|chisch
die Tsche|chi|sche Re|pu|blik
tschüss! *(Ausruf beim Abschied)*
das T-Shirt, die T-Shirts
die Tu|be, die Tuben
das Tuch, die Tücher
tüch|tig
die Tul|pe, die Tulpen
tun, tut, tat, getan
der Tun|nel, die Tunnels
die Tür, die Türen
die Tür|kei
tür|kisch
der Turm, die Türme
tur|nen, turnt, turnte, geturnt
die Turn|hal|le, die Turnhallen
das Tur|nier, die Turniere
der Turn|schuh, die Turnschuhe
die Tu|sche
tu|scheln, tuschelt, tuschelte, getuschelt
die Tü|te, die Tüten
das TV *(Abkürzung für „**Tele**v**ision**“ = Fernsehen)*
der Typ, die Typen
ty|pisch

A B C D E F G H I J K L M N O P Q R S T **U** V W X Y Z

U

die U-Bahn, die U-Bahnen
übel
üben, übt, übte, geübt
über
über|all
über|ar|bei|ten, überarbeitet, überarbeitete, überarbeitet
die Über|ar|bei|tung, die Überarbeitungen
über|ei|nan|der (über|ein|an|der)
der Über|fall, die Überfälle
über|fal|len, überfällt, überfiel, überfallen
sie über|fällt (→ überfallen)
er über|fiel (→ überfallen)
über|haupt
über|le|gen, überlegt, überlegte, überlegt
die Über|le|gung, die Überlegungen
über|mit|teln, übermittelt, übermittelte, übermittelt
über|mor|gen
über|nach|ten, übernachtet, übernachtete, übernachtet
die Über|nach|tung, die Übernachtungen
sie über|nahm (→ übernehmen)
über|neh|men, übernimmt, übernahm, übernommen
er über|nimmt (→ übernehmen)
über|nom|men (→ übernehmen)
über|prü|fen, überprüft, überprüfte, überprüft
über|que|ren, überquert, überquerte, überquert
über|ra|schen, überrascht, überraschte, überrascht
die Über|ra|schung, die Überraschungen
über|re|den, überredet, überredete, überredet
die Über|schrift, die Überschriften
die Über|schwem|mung, die Überschwemmungen
über|set|zen, übersetzt, übersetzte, übersetzt
die Über|set|zung, die Übersetzungen
über|zeu|gen, überzeugt, überzeugte, überzeugt

die Über|zeu|gung, die Überzeugungen
üb|lich
das U-Boot, die U-Boote

üb|rig
üb|ri|gens
die Übung, die Übungen
das Ufer, die Ufer
das UFO, die UFOs *(Abkürzung für* ***U****nbekanntes* ***F****lug-***O****bjekt)*
die Uhr, die Uhren
die Uhr|zeit, die Uhrzeiten
der Uhu, die Uhus
um
um|ar|men, umarmt, umarmte, umarmt
die Um|ar|mung, die Umarmungen
die Um|ge|bung
um|ge|zo|gen (→ umziehen)
der Um|hang, die Umhänge
um|her
um|keh|ren, kehrt um, kehrte um, umgekehrt
der Um|laut, die Umlaute
die Um|lei|tung, die Umleitungen
der Um|schlag, die Umschläge
der Um|weg, die Umwege
die Um|welt
der Um|welt|schutz
um|zie|hen, zieht um, zog um, umgezogen
der Um|zug, die Umzüge
un|be|dingt
und
un|end|lich
die Un|end|lich|keit
un|ent|schie|den
un|fair *(unerlaubt, gegen die Regeln)*
der Un|fall, die Unfälle
un|ga|risch
Un|garn
un|ge|dul|dig
un|ge|fähr
un|ge|fähr|lich
das Un|ge|heu|er, die Ungeheuer
un|ge|recht
die Un|ge|rech|tig|keit, die Ungerechtigkeiten
das Un|ge|zie|fer
das Un|glück, die Unglücke
un|glück|lich
un|heim|lich
die Uni|form, die Uniformen
das Un|kraut, die Unkräuter
das Un|recht
uns

A B C D E F G H I J K L M N O P Q R S T **U** V W X Y Z

die Un|schuld
un|schul|dig
un|ser, unsere, unseres
der Un|sinn
un|ten
un|ter
sie un|ter|brach (→ unterbrechen)
un|ter|bre|chen, unterbricht, unterbrach, unterbrochen
die Un|ter|bre|chung, die Unterbrechungen
er un|ter|bricht (→ unterbrechen)
un|ter|bro|chen (→ unterbrechen)
un|ter|ei|nan|der (un|ter|ein|an|der)
der Un|ter|gang, die Untergänge
sie un|ter|hält sich (→ sich unterhalten)
sich un|ter|hal|ten, unterhält sich, unterhielt sich, hat sich unterhalten
die Un|ter|hal|tung, die Unterhaltungen
er un|ter|hielt sich (→ sich unterhalten)
sie un|ter|nahm (→ unternehmen)
un|ter|neh|men, unternimmt, unternahm, unternommen
er un|ter|nimmt (→ unternehmen)
un|ter|nom|men (→ unternehmen)
der Un|ter|richt
un|ter|rich|ten, unterrichtet, unterrichtete, unterrichtet
sich un|ter|schei|den, unterscheidet sich, unterschied sich, hat sich unterschieden
sie un|ter|schied sich (→ sich unterscheiden)
der Un|ter|schied, die Unterschiede
un|ter|schie|den (→ sich unterscheiden)
die Un|ter|schrift, die Unterschriften
un|ter|stüt|zen, unterstützt, unterstützte, unterstützt
un|ter|su|chen, untersucht, untersuchte, untersucht
die Un|ter|su|chung, die Untersuchungen

un|ter|wegs
un|ver|schämt
(↔ höflich, maßvoll)
die Un|ver|schämt|heit, die Unverschämtheiten
un|vor|sich|tig
das Un|wet|ter, die Unwetter
die Ur|groß|mut|ter, die Urgroßmütter
der Ur|groß|va|ter, die Urgroßväter
der Urin
der Ur|laub, die Urlaube
die Ur|sa|che, die Ursachen
das Ur|teil, die Urteile
ur|tei|len, urteilt, urteilte, geurteilt
der Ur|wald, die Urwälder
die USA *(Abkürzung für **U**nited **S**tates of **A**merica)*

V

der Va|len|tins|tag, die Valentinstage
der Vam|pir, die Vampire

die Va|nil|le
das Va|nil|le|eis
die Va|se, die Vasen
der Va|ter, die Väter
das Va|ter|un|ser, die Vaterunser *(ein Gebet der Christen)*
der Va|ti, die Vatis
der Ve|ge|ta|ri|er, die Vegetarier *(jemand, der kein Fleisch isst)*
die Ve|ge|ta|ri|e|rin, die Vegetarierinnen
das Veil|chen, die Veilchen
der Ven|ti|la|tor, die Ventilatoren

sich ver|ab|re|den, verabredet sich, verabredete sich, hat sich verabredet
die Ver|ab|re|dung, die Verabredungen
sich ver|ab|schie|den, verabschiedet sich, verabschiedete sich, hat sich verabschiedet
ver|ach|ten, verachtet, verachtete, verachtet
die Ver|ach|tung
die Ve|ran|da, die Veranden
ver|an|stal|ten, veranstaltet, veranstaltete, veranstaltet

A B C D E F G H I J K L M N O P Q R S T U **V** W X Y Z

die **Ver|an|stal|tung,** die Veranstaltungen
ver|ant|wor|ten, verantwortet, verantwortete, verantwortet
die **Ver|ant|wor|tung**
ver|ant|wor|tungs|be|wusst
das **Verb,** die Verben *(Wortart: Tunwort)*
er **ver|band** (→ verbinden)
der **Ver|band,** die Verbände
ver|bes|sern, verbessert, verbesserte, verbessert
sich **ver|beu|gen,** verbeugt sich, verbeugte sich, hat sich verbeugt
die **Ver|beu|gung,** die Verbeugungen
ver|bie|ten, verbietet, verbot, verboten
ver|bin|den, verbindet, verband, verbunden
ver|blüfft
er **ver|bot** (→ verbieten)
das **Ver|bot,** die Verbote
ver|bo|ten (→ verbieten)
ver|brannt (→ verbrennen)
es **ver|brann|te** (→ verbrennen)
ver|brau|chen, verbraucht, verbrauchte, verbraucht
das **Ver|bre|chen,** die Verbrechen
der **Ver|bre|cher,** die Verbrecher
die **Ver|bre|che|rin,** die Verbrecherinnen
ver|bren|nen, verbrennt, verbrannte, verbrannt
die **Ver|bren|nung,** die Verbrennungen
ver|bun|den (→ verbinden)
der **Ver|dacht,** die Verdachte
ver|däch|ti|gen, verdächtigt, verdächtigte, verdächtigt
ver|dau|en, verdaut, verdaute, verdaut
die **Ver|dau|ung**
ver|die|nen, verdient, verdiente, verdient
der **Ver|dienst,** die Verdienste
ver|duns|ten, verdunstet, verdunstete, verdunstet
ver|eh|ren, verehrt, verehrte, verehrt
der **Ver|ein,** die Vereine

ver|fol|gen, verfolgt, verfolgte, verfolgt
die Ver|fol|gung, die Verfolgungen
sie ver|gab (→ vergeben)
die Ver|gan|gen|heit
er ver|gaß (→ vergessen)
ver|ge|ben, vergibt, vergab, vergeben
ver|geb|lich
die Ver|ge|bung, die Vergebungen
ver|ges|sen, vergisst, vergaß, vergessen
sie ver|gibt (→ vergeben)
er ver|gisst (→ vergessen)
der Ver|gleich, die Vergleiche
ver|glei|chen, vergleicht, verglich, verglichen
sie ver|glich (→ vergleichen)
ver|gli|chen (→ vergleichen)
das Ver|gnü|gen, die Vergnügen
die Ver|hü|tung
sich ver|ir|ren, verirrt sich, verirrte sich, hat sich verirrt
ver|kau|fen, verkauft, verkaufte, verkauft
der Ver|käu|fer, die Verkäufer
die Ver|käu|fe|rin, die Verkäuferinnen
der Ver|kehr
die Ver|kehrs|re|gel, die Verkehrsregeln
ver|kehrt
sich ver|klei|den, verkleidet sich, verkleidete sich, hat sich verkleidet
ver|lan|gen, verlangt, verlangte, verlangt
ver|län|gern, verlängert, verlängerte, verlängert
die Ver|län|ge|rung, die Verlängerungen
ver|las|sen, verlässt, verließ, verlassen
er ver|lässt (→ verlassen)
ver|let|zen, verletzt, verletzte, verletzt
die Ver|let|zung, die Verletzungen
sich ver|lie|ben, verliebt sich, verliebte sich, hat sich verliebt
ver|lie|ren, verliert, verlor, verloren
sie ver|ließ (→ verlassen)
er ver|lor (→ verlieren)
ver|lo|ren (→ verlieren)

A B C D E F G H I J K L M N O P Q R S T U V W X Y Z

die **Ver|lo|sung,** die Verlosungen
der **Ver|lust,** die Verluste
ver|mei|den, vermeidet, vermied, vermieden
sie **ver|mied** (→ vermeiden)
ver|mie|den (→ vermeiden)
ver|mu|ten, vermutet, vermutete, vermutet
die **Ver|mu|tung,** die Vermutungen
ver|nich|ten, vernichtet, vernichtete, vernichtet
die **Ver|nich|tung**
die **Ver|nunft**
ver|nünf|tig
ver|pa|cken, verpackt, verpackte, verpackt
die **Ver|pa|ckung,** die Verpackungen
ver|pas|sen, verpasst, verpasste, verpasst
ver|pfle|gen, verpflegt, verpflegte, verpflegt
die **Ver|pfle|gung**
der **Ver|rat**
er **ver|rät** (→ verraten)
ver|ra|ten, verrät, verriet, verraten
der **Ver|rä|ter,** die Verräter
die **Ver|rä|te|rin,** die Verräterinnen
ver|rei|sen, verreist, verreiste, verreist
sie **ver|riet** (→ verraten)
ver|rückt *(↔ normal)*
der **Vers,** die Verse *(Zeile oder Strophe eines Gedichts)*
ver|säu|men, versäumt, versäumte, versäumt
das **Ver|säum|nis,** die Versäumnisse
ver|schie|den *(↔ gleich)*
ver|schla|fen, verschläft, verschlief, verschlafen
er **ver|schläft** (→ verschlafen)
sie **ver|schlang** (→ verschlingen)
er **ver|schlief** (→ verschlafen)
ver|schlie|ßen, verschließt, verschloss, verschlossen
ver|schlin|gen, verschlingt, verschlang, verschlungen
sie **ver|schloss** (→ verschließen)
ver|schlos|sen (→ verschließen)

ver|schlun|gen (→ verschlingen)

der Ver|schluss, die Verschlüsse

ver|schlüs|seln, verschlüsselt, verschlüsselte, verschlüsselt

ver|schmut|zen, verschmutzt, verschmutzte, verschmutzt

die Ver|schmut|zung, die Verschmutzungen

er ver|schwand (→ verschwinden)

ver|schwen|den, verschwendet, verschwendete, verschwendet

ver|schwin|den, verschwindet, verschwand, verschwunden

ver|schwun|den (→ verschwinden)

ver|se|hent|lich

die Ver|si|che|rung, die Versicherungen

sich ver|söh|nen, versöhnt sich, versöhnte sich, hat sich versöhnt

die Ver|söh|nung, die Versöhnungen

sich ver|spä|ten, verspätet sich, verspätete sich, hat sich verspätet

die Ver|spä|tung, die Verspätungen

sie ver|sprach (→ versprechen)

das Ver|spre|chen, die Versprechen

ver|spre|chen, verspricht, versprach, versprochen

er ver|spricht (→ versprechen)

ver|spro|chen (→ versprechen)

der Ver|stand

sie ver|stand (→ verstehen)

ver|stan|den (→ verstehen)

ver|stän|di|gen, verständigt, verständigte, verständigt

die Ver|stän|di|gung

ver|ständ|lich

ver|stau|chen, verstaucht, verstauchte, verstaucht

die Ver|stau|chung, die Verstauchungen

ver|ste|cken, versteckt, versteckte, versteckt

ver|ste|hen, versteht, verstand, verstanden
der Ver|such, die Versuche
ver|su|chen, versucht, versuchte, versucht
ver|tei|len, verteilt, verteilte, verteilt
der Ver|trag, die Verträge
sich ver|tra|gen, verträgt sich, vertrug sich, hat sich vertragen
er ver|trägt sich (→ sich vertragen)
das Ver|trau|en
ver|trau|en, vertraut, vertraute, vertraut
sie ver|trug sich (→ sich vertragen)
ver|ur|tei|len, verurteilt, verurteilte, verurteilt
die Ver|ur|tei|lung, die Verurteilungen
ver|wandt
der Ver|wand|te, die Verwandten
die Ver|wand|te, die Verwandten
die Ver|wandt|schaft
ver|wech|seln, verwechselt, verwechselte, verwechselt
die Ver|wechs|lung, die Verwechslungen
ver|wen|den, verwendet, verwendete, verwendet
die Ver|wen|dung, die Verwendungen
ver|wöh|nen, verwöhnt, verwöhnte, verwöhnt
ver|wun|den, verwundet, verwundete, verwundet
ver|wun|dert
die Ver|wun|dung, die Verwundungen
ver|zau|bern, verzaubert, verzauberte, verzaubert
ver|zei|hen, verzeiht, verzieh, verziehen
der Ver|zicht, die Verzichte
ver|zich|ten, verzichtet, verzichtete, verzichtet
sie ver|zieh (→ verzeihen)
ver|zie|hen (→ verzeihen)
ver|zie|ren, verziert, verzierte, verziert
ver|zwei|feln, verzweifelt, verzweifelte, verzweifelt
die Ver|zweif|lung
der Vet|ter, die Vetter
das Vi|deo, die Videos
der Vi|deo|clip, die Videoclips *(englisches Wort für einen kurzen Videofilm)*

zu **viel:**

getrennt:
- zu viel
- viel zu wenig, viel zu teuer

getrennt *oder* zusammen:
- ein vielversprechendes *oder* viel versprechendes Angebot
- eine vielbefahrene *oder* viel befahrene Straße
- ein vielsagender *oder* viel sagender Blick

zu **voll/das Volle:**

Kleinschreibung:
- ein volles Glas
- voller Freude

Großschreibung:
- aus dem Vollen schöpfen
- in die Vollen gehen (= etwas mit ganzer Energie tun)

die Vi|deo|thek, die Videotheken *(Sammlung von Videofilmen zum Ausleihen)*
das Vieh
viel, viele
viel|leicht
vier
das Vier|eck, die Vierecke
die Vier|tel|stun|de, die Viertelstunden
vier|zehn
vier|zig
die Vil|la, die Villen
vi|o|lett
die Vi|o|li|ne, die Violinen *(Geige)*
der Vi|rus, die Viren
das Vi|ta|min, die Vitamine
der Vo|gel, die Vögel

die Vo|ka|bel, die Vokabeln
der Vo|kal, die Vokale *(Selbstlaut)*
das Volk, die Völker
voll *(↔ leer)*
der Vol|ley|ball, die Volleybälle
voll|kom|men
voll|stän|dig *(↔ teilweise)*

A B C D E F G H I J K L M N O P Q R S T U V W X Y Z

vom
von
von|ei|nan|der (von|ein|an|der)
vor
vo|ran (vor|an)
vo|raus (vor|aus)
vor|bei
das Vor|bild, die Vorbilder
die Vor|fahrt
vor|füh|ren, führt vor, führte vor, vorgeführt
die Vor|füh|rung, die Vorführungen
vor|ge|gan|gen (→ vorgehen)
vor|ge|hen, geht vor, ging vor, vorgegangen
vor|ges|tern
der Vor|hang, die Vorhänge
vor|her
vor|le|sen, liest vor, las vor, vorgelesen
der Vor|mit|tag, die Vormittage
vor|mit|tags
der Vor|na|me, die Vornamen
vor|nehm
der Vor|rat, die Vorräte
vor|rä|tig
vor|sa|gen, sagt vor, sagte vor, vorgesagt
der Vor|schlag, die Vorschläge
vor|schla|gen, schlägt vor, schlug vor, vorgeschlagen
die Vor|sicht
vor|sich|tig (↔ *leichtfertig*)
sich vor|stel|len, stellt sich vor, stellte sich vor, hat sich vorgestellt
die Vor|stel|lung, die Vorstellungen
der Vor|teil, die Vorteile
vo|rü|ber (vor|ü|ber)
die Vor|wahl, die Vorwahlen
vor|wärts
der Vul|kan, die Vulkane

W

die Waa|ge, die Waagen
waa|ge|recht
die Wa|be, die Waben
wach

das **Wachs**
wach|sam
wach|sen, wächst, wuchs, gewachsen
sie **wächst** (→ wachsen)
wa|ckeln, wackelt, wackelte, gewackelt
die **Wa|de**, die Waden
die **Waf|fe**, die Waffen

zu **wahr:**

getrennt:
- etwas für wahr halten
- wahr sein, wahr werden

zusammen:
- etwas nicht wahrhaben wollen (= etwas nicht anerkennen wollen)
- wahrsagen (= die Zukunft voraussagen)

getrennt *oder* zusammen:
- ein Versprechen wahrmachen *oder* wahr machen

die **Waf|fel**, die Waffeln
der **Wa|gen**, die Wagen
die **Wahl**, die Wahlen
wäh|len, wählt, wählte, gewählt
wahr
wäh|rend
die **Wahr|heit**
wahr|schein|lich
die **Wai|se**, die Waisen *(Kind ohne Eltern)*
der **Wal**, die Wale
der **Wald**, die Wälder
der **Wal|lach**, die Wallache
die **Wal|nuss**, die Walnüsse
die **Wal|ze**, die Walzen
die **Wand**, die Wände
wan|dern, wandert, wanderte, gewandert
die **Wan|de|rung**, die Wanderungen
die **Wand|ta|fel**, die Wandtafeln
wann
die **Wan|ne**, die Wannen
das **Wap|pen**, die Wappen
sie **war** (→ sein)
er **warb** (→ werben)
die **Wa|re**, die Waren
sie **wa|ren** (→ sein)
sie **warf** (→ werfen)

A B C D E F G H I J K L M N O P Q R S T U V W X Y Z

warm, wärmer, am wärmsten (↔ *kalt*)

die Wär|me

wär|men, wärmt, wärmte, gewärmt

die Wärm|fla|sche, die Wärmflaschen

war|nen, warnt, warnte, gewarnt

die War|nung, die Warnungen

war|ten, wartet, wartete, gewartet

wa|rum (war|um)

die War|ze, die Warzen

was

der Wasch|bär, die Waschbären

wa|schen, wäscht, wusch, gewaschen

der Wasch|lap|pen, die Waschlappen

sie wäscht (→ waschen)

das Was|ser

der Was|ser|hahn, die Wasserhähne

was|ser|scheu

das Watt, die Watten *(seichter Küstenabschnitt an der Nordsee)*

die Wat|te

we|ben, webt, webte, gewebt

der Wech|sel, die Wechsel

wech|seln, wechselt, wechselte, gewechselt

we|cken, weckt, weckte, geweckt

der We|cker, die Wecker

we|deln, wedelt, wedelte, gewedelt

weg

der Weg, die Wege

weg|fah|ren, fährt weg, fuhr weg, weggefahren

weg|ge|gan|gen (→ weggehen)

weg|ge|hen, geht weg, ging weg, weggegangen

weg|ge|nom|men (→ wegnehmen)

weg|lau|fen, läuft weg, lief weg, weggelaufen

weg|neh|men, nimmt weg, nahm weg, weggenommen

weh

we|hen, weht, wehte, geweht

sich weh|ren, wehrt sich, wehrte sich, hat sich gewehrt

weib|lich

weich (↔ *hart*)

die Wei|de, die Weiden
sich wei|gern, weigert sich, weigerte sich, hat sich geweigert
die Wei|ge|rung, die Weigerungen
Weih|nach|ten
der Weih|nachts|baum, die Weihnachtsbäume
die Weih|nachts|zeit
weil
der Wein, die Weine
wei|nen, weint, weinte, geweint
wei|se *(↔ ungebildet)*
der Wei|se, die Weisen
die Weis|heit

weiß
er weiß (→ wissen)
weit *(↔ eng)*
die Wei|te, die Weiten
wei|ter
der Weit|sprung
der Wei|zen
wel|che, welcher, welches
die Wel|le, die Wellen
der Wel|len|sit|tich, die Wellensittiche
der Wel|pe, die Welpen *(Tierkind: das Junge von Hund, Fuchs, Wolf)*
die Welt, die Welten
das Welt|all
wem
wen
wen|den, wendet, wendete, gewendet
die Wen|dung, die Wendungen
we|nig
wenn
wer
wer|ben, wirbt, warb, geworben
die Wer|bung, die Werbungen

zu **weiter/Weiteres:**

Kleinschreibung:
- Sie aß weitere neun Bonbons. Dann war ihr übel.

Großschreibung:
- Alles Weitere im nächsten Brief!
- Des Weiteren berichtete er, …

A B C D E F G H I J K L M N O P Q R S T U V W X Y Z

wer|den, wird, wurde, geworden
wer|fen, wirft, warf, geworfen
das Werk, die Werke
die Werk|statt, die Werkstätten
das Werk|zeug, die Werkzeuge
der Wert, die Werte
wert|voll
wes|halb
die Wes|pe, die Wespen
die Wes|te, die Westen
der Wes|ten
der Wett|be|werb, die Wettbewerbe
die Wet|te, die Wetten
wet|ten, wettet, wettete, gewettet
das Wet|ter
der Wet|ter|be|richt, die Wetterberichte
der Wett|kampf, die Wettkämpfe
das Wett|ren|nen, die Wettrennen
wich|tig
wi|ckeln, wickelt, wickelte, gewickelt
sie wi|der|sprach (→ widersprechen)
wi|der|spre|chen, widerspricht, widersprach, widersprochen
er wi|der|spricht (→ widersprechen)
wi|der|spro|chen (→ widersprechen)
wie
wie viel
wie|der
wie|der|ho|len, wiederholt, wiederholte, wiederholt
die Wie|der|ho|lung, die Wiederholungen
wie|der|se|hen, sieht wieder, sah wieder, wiedergesehen
das Wie|der|se|hen, die Wiedersehen
die Wie|ge, die Wiegen
wie|gen, wiegt, wog, gewogen
wie|hern, wiehert, wieherte, gewiehert
die Wie|se, die Wiesen
das Wie|sel, die Wiesel

wie|so
das Wild

wild *(↔ zahm)*

der Wil|de|rer, die Wilderer

wil|dern, wildert, wilderte, gewildert

die Wild|nis

das Wild|schwein, die Wildschweine

zu **wieder:**

zusammen:
- Ich möchte meinen Stift wiederhaben. (= zurückhaben)
- Ich werde dir das Geld morgen wiedergeben. (= zurückgeben)
- wiederholen

getrennt:
- Der Schiri hat das Spiel wieder angepfiffen. (= noch mal angepfiffen)
- Die tolle Eissorte vom letzten Jahr wird auch dieses Jahr wieder hergestellt. (= erneut hergestellt)

sie will (→ wollen)

will|kom|men

der Wim|pel, die Wimpel

die Wim|per, die Wimpern

der Wind, die Winde

die Win|del, die Windeln

win|dig

die Wind|po|cken *(eine Krankheit)*

die Wind|schutz|schei|be, die Windschutzscheiben *(Frontscheibe beim Auto)*

der Win|kel, die Winkel

win|ken, winkt, winkte, gewinkt

win|seln, winselt, winselte, gewinselt

der Win|ter, die Winter

win|ter|lich

der Win|ter|schlaf

win|zig *(↔ riesig, groß)*

die Wip|pe, die Wippen

wip|pen, wippt, wippte, gewippt

wir

der Wir|bel, die Wirbel

wir|beln, wirbelt, wirbelte, gewirbelt

die Wir|bel|säu|le, die Wirbelsäulen

er wirbt (→ werben)

A B C D E F G H I J K L M N O P Q R S T U V W X Y Z

sie **wird** (→ werden)
er **wirft** (→ werfen)
wir|ken, wirkt, wirkte, gewirkt
wirk|lich
die **Wirk|lich|keit**
der **Wir|sing** *(ein Gemüse)*
der **Wirt,** die Wirte
die **Wir|tin,** die Wirtinnen
wi|schen, wischt, wischte, gewischt
wis|pern, wispert, wisperte, gewispert
wis|sen, weiß, wusste, gewusst
der **Wis|sen|schaft|ler,** die Wissenschaftler
die **Wis|sen|schaft|le|rin,** die Wissenschaftlerinnen
die **Wit|we,** die Witwen *(Frau, deren Ehemann gestorben ist)*
der **Wit|wer,** die Witwer
der **Witz,** die Witze
wit|zig
wo
die **Wo|che,** die Wochen
das **Wo|chen|en|de,** die Wochenenden
der **Wo|chen|tag,** die Wochentage
wö|chent|lich
wo|für
er **wog** (→ wiegen)
wo|her
wo|hin
wohl
woh|nen, wohnt, wohnte, gewohnt
die **Woh|nung,** die Wohnungen
der **Wolf,** die Wölfe
die **Wol|ke,** die Wolken
wol|kig *(↔ klar, wolkenlos)*
die **Wol|le**
wol|len, will, wollte, gewollt
das **Woll|knäu|el,** die Wollknäuel
das **Wort,** die Wörter
wört|lich
wo|rü|ber **(wor|ü|ber)**
wo|von
wo|vor
wo|zu
sie **wuchs** (→ wachsen)
die **Wucht**
wund
die **Wun|de,** die Wunden
das **Wun|der,** die Wunder

A B C D E F G H I J K L M N O P Q R S T U V W X Y Z

wun|der|bar
die Wun|der|ker|ze, die Wunderkerzen
sich wun|dern, wundert sich, wunderte sich, hat sich gewundert
der Wunsch, die Wünsche
wün|schen, wünscht, wünschte, gewünscht
er wur|de (→ werden)
der Wurf, die Würfe
der Wür|fel, die Würfel
der Wurm, die Würmer
die Wurst, die Würste
das Würst|chen, die Würstchen
die Wur|zel, die Wurzeln
wür|zen, würzt, würzte, gewürzt
er wusch (→ waschen)
sie wusch ab (→ abwaschen)
er wuss|te (→ wissen)
die Wüs|te, die Wüsten
die Wut
wü|tend
WWW *(Abkürzung für englisch* ***W****orld* ***W****ide* ***W****eb)*

X

die X-Bei|ne
x-bei|nig
das Xy|lo|fon, die Xylofone *(ein Musikinstrument)*

Y

die Yacht, die Yachten *(Segelschiff)*

das Yak, die Yaks *(eine asiatische Rinderart)*
das Yo|ga *(Übungen für Körper und Geist, ursprünglich aus Indien)*
das Yp|si|lon, die Ypsilons

Z

zäh
die Zahl, die Zahlen
zah|len, zahlt, zahlte, gezahlt
zäh|len, zählt, zählte, gezählt

das **Zahl|wort**, die Zahlwörter
zahm *(↔ wild)*
der **Zahn**, die Zähne
der **Zahn|arzt**, die Zahnärzte
die **Zahn|ärz|tin**, die Zahnärztinnen
die **Zahn|bürs|te**, die Zahnbürsten
die **Zahn|pas|ta**
die **Zahn|span|ge**, die Zahnspangen

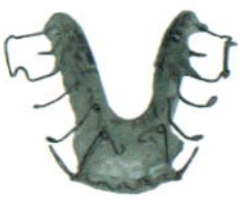

die **Zan|ge**, die Zangen
sich **zan|ken**, zankt sich, zankte sich, hat sich gezankt
das **Zäpf|chen**, die Zäpfchen
der **Zap|fen**, die Zapfen
zap|peln, zappelt, zappelte, gezappelt
zart
zärt|lich *(↔ grob)*
die **Zärt|lich|keit**
der **Zau|be|rer**, die Zauberer
zau|bern, zaubert, zauberte, gezaubert
der **Zaun**, die Zäune
das **Ze|bra (Zeb|ra)**, die Zebras

der **Ze|bra|strei|fen (Zeb|ra|strei|fen)**, die Zebrastreifen
die **Ze|cke**, die Zecken
die **Ze|he**, die Zehen
zehn
das **Zei|chen**, die Zeichen
zeich|nen, zeichnet, zeichnete, gezeichnet
die **Zeich|nung**, die Zeichnungen
zei|gen, zeigt, zeigte, gezeigt
der **Zei|ger**, die Zeiger
die **Zei|le**, die Zeilen
die **Zeit**, die Zeiten
das **Zeit|al|ter**
die **Zeit|schrift**, die Zeitschriften
die **Zei|tung**, die Zeitungen
die **Zel|le**, die Zellen
das **Zelt**, die Zelte
der **Ze|ment**
die **Zen|sur**, die Zensuren *(Schulnote)*
der **Zen|ti|me|ter**, 12 Zentimeter
der **Zent|ner**, 3 Zentner
das **Zen|trum (Zent|rum)**, die Zentren

das **Zep|ter**, die Zepter *(Herrscherstab)*

sie **zer|brach** (→ zerbrechen)
zer|bre|chen, zerbricht, zerbrach, zerbrochen
zer|brech|lich
er **zer|bricht** (→ zerbrechen)
zer|rei|ßen, zerreißt, zerriss, zerrissen
sie **zer|riss** (→ zerreißen)
zer|ris|sen (→ zerreißen)
zer|stö|ren, zerstört, zerstörte, zerstört
der **Zet|tel**, die Zettel
das **Zeug**
der **Zeu|ge**, die Zeugen
die **Zeu|gin**, die Zeuginnen
das **Zeug|nis**, die Zeugnisse
die **Zie|ge**, die Ziegen
der **Zie|gel**, die Ziegel
zie|hen, zieht, zog, gezogen
das **Ziel**, die Ziele
zie|len, zielt, zielte, gezielt
ziem|lich
zier|lich *(↔ wuchtig, groß)*
die **Zif|fer**, die Ziffern
die **Zi|ga|ret|te**, die Zigaretten
die **Zi|gar|re**, die Zigarren
der **Zi|geu|ner**, die Zigeuner *(Menschengruppe der Sinti und Roma; der Begriff wird als Beleidigung empfunden und sollte deshalb nicht verwendet werden)*
die **Zi|geu|ne|rin**, die Zigeunerinnen
das **Zim|mer**, die Zimmer
der **Zimt**
das **Zinn** *(ein Metall)*
der **Zins**, die Zinsen
die **Zip|fel|müt|ze**, die Zipfelmützen

der **Zir|kel**, die Zirkel
der **Zir|kus**, die Zirkusse
zi|schen, zischt, zischte, gezischt
die **Zi|tro|ne (Zit|ro|ne)**, die Zitronen
zit|tern, zittert, zitterte, gezittert
die **Zit|ze**, die Zitzen
er **zog** (→ ziehen)
sie **zog an** (→ anziehen)
er **zog aus** (→ ausziehen)
sie **zog um** (→ umziehen)
zö|gern, zögert, zögerte, gezögert
der **Zoo**, die Zoos
der **Zopf**, die Zöpfe

A B C D E F G H I J K L M N O P Q R S T U V W X Y **Z**

der Zorn
zor|nig
zu
zu En|de
zu Hau|se
zu viel
zu we|nig
die Zucht
züch|ten, züchtet, züchtete, gezüchtet
der Zu|cker
zu|cker|süß
zu|de|cken, deckt zu, deckte zu, zugedeckt
zu|erst
der Zu|fall, die Zufälle
zu|frie|den
die Zu|frie|den|heit
der Zug, die Züge
der Zü|gel, die Zügel
zu|gu|cken, guckt zu, guckte zu, zugeguckt
das Zu|hau|se
der Zu|hö|rer, die Zuhörer
die Zu|hö|re|rin, die Zuhörerinnen
die Zu|kunft
zu|künf|tig *(↔ vergangen)*
zu|las|sen, lässt zu, ließ zu, zugelassen
zu|letzt
zum
die Zun|ge, die Zungen
zup|fen, zupft, zupfte, gezupft
zur
zu|rück
zu|ru|fen, ruft zu, rief zu, zugerufen
zu|sam|men
zu|sam|men|sto|ßen, stößt zusammen, stieß zusammen, zusammengestoßen
zu|schau|en, schaut zu, schaute zu, zugeschaut
der Zu|schau|er, die Zuschauer
die Zu|schau|e|rin, die Zuschauerinnen
die Zu|tat, die Zutaten
zu|ver|läs|sig

zu **zwei:**

Ziffern und Buchstaben:
- zweifach = 2-fach
- zweimal = 2-mal
- zweijährig = 2-jährig

er zwang (→ zwingen)
der Zwang, die Zwänge
zwan|zig
zwei
der Zwei|fel, die Zweifel
zwei|feln, zweifelt, zweifelte, gezweifelt
der Zweig, die Zweige
zwei|mal
zwei|te, zweiter, zweites
zwei|und|zwan|zig
der Zwerg, die Zwerge
der Zwie|back, die Zwiebäcke
die Zwie|bel, die Zwiebeln
der Zwil|ling, die Zwillinge
zwin|gen, zwingt, zwang, gezwungen
zwin|kern, zwinkert, zwinkerte, gezwinkert
zwi|schen
zwi|schen|durch
zwölf
der Zy|lin|der, die Zylinder
Zy|pern

-er, -en und -el am Wortende

Wörter mit den Endungen **-er, -en** und **-el** musst du deutlich aussprechen, damit du hören kannst, wie man sie schreiben muss.

1. Ordne die Wörter nach ihren Endungen. Lege dazu in deinem Heft eine Tabelle mit drei Spalten an. Unterstreiche immer die beiden letzten Buchstaben.
Kamel, Garten, wehen, Mutter, Gabel, Pfarrer, Wasser, Rätsel, Zapfen, Kessel, Alpen, Kanzler, Brezel, Feuer, Haken, Sessel

–el	–en	–er
Kamel		

2. Ordnet die Wörter von Aufgabe 1 nach dem Abc. Achtet auf die richtige Schreibung.

3. An diese Wortstämme kannst du -er, -en oder -el anhängen. Finde möglichst viele Wörter. Kontrolliere mit der Wörterliste.
ob-/Ob- ess-/Ess- schenk-/Schenk- üb-/Üb-

4. Sucht beim Buchstaben qu alle Wörter mit -en am Wortende, beim Buchstaben Z alle mit -er am Wortende und beim Buchstaben E alle mit -el am Wortende.

Der ch-Laut am Wortanfang, im Wortinneren und am Wortende

Ch/ch wird am Wortanfang unterschiedlich gesprochen: teils wie ***k***, teils wie ***sch*** oder ***tsch***. Im Wortinneren oder am Wortende hören wir ***ch*** oder ***k***.

1. Finde die Wörter mit Ch in der Wörterliste.
Sprich deutlich.

2. Was bedeuten diese Wörter? Schreibe jeweils einen Satz dazu. Nutze ein Lexikon oder das Internet.
Chemie, Chance, Chronik

3. Diese Wiewörter sind von Tunwörtern abgeleitet. Finde die passenden Tunwörter in der Wörterliste.
Schreibe so: lächerlich → lachen, S. 192; …
lächerlich, nachdenklich, fürchterlich, käuflich, lieblich

4. Findet zu diesen Tunwörtern ein verwandtes Namenwort in der Wörterliste und schreibt es mit Begleiter auf.
speichern, stechen, übernachten, dichten, kochen, krachen, fürchten, machen

5. Notiere die Zahlwörter: achtzig, …
80, 18, 8, 800

Der ks-Laut: ks, cks, chs oder x?

Der **ks**-Laut kann ganz unterschiedlich geschrieben werden: **ks, cks, chs** oder **x**. Die Wörter mit diesem Laut musst du dir besonders merken.

1. Finde die Wörter in der Wörterliste. Notiere auch die Seitenzahl: Fuchs, S. 165; …

2. Schreibe die Wörter richtig auf. Markiere den ks-Laut und kontrolliere mit der Wörterliste: links, S. 195; …
lin**, Kni**, Gewä**, we**eln, La**

3. Findet drei Wörter mit ks, cks oder x beim Buchstaben T in der Wörterliste. Sprecht genau.

4. Wie heißt die Grundform? Nutze die Wörterliste:
du strickst → stricken, S. 235; …
du strickst, du stickst, du drückst, du leckst, du schickst, du lockst, du nickst

5. Erklärt jeden Begriff mit einem Satz:
Luxus   Xylofon   Mailbox

Aus au wird äu

Der Doppellaut **au** im Wortstamm wird in abgeleiteten Wortformen sehr oft zu **äu**.

1. Schreibe Einzahl und Mehrzahl dieser Namenwörter mit Begleiter auf. Schreibe so: der Traum – die Träume, S. 240; …

   Träume Bräute Fäuste Kräuter
   Mäuse Räume Häuser Schläuche

2. Unterstreiche den Wortstamm. Finde in der Wörterliste ein passendes Tunwort mit au:
   Käufer – kaufen, S. 185; …

   Käufer Räuber Gebäude Läufer

3. Markiert den Wortstamm. Findet mit Hilfe der Wörterliste mindestens zwei weitere Wörter aus der Wortfamilie. Schreibt so: säubern, säubert, sauber, …

   säubern erläutern räuchern

4. Welches Namenwort ist mit dem Wiewort verwandt? Schreibe es mit Begleiter auf: der Haufen, …

   häufig bäuerlich gläubig räumlich

5. Findet ein passendes Wort mit au.
   Erklärt danach jeden Begriff in einem Satz.

   Fäulnis Täufling

Wörter mit doppelten Selbstlauten

Es gibt nur wenige Wörter mit **aa, ee** oder **oo**. Wörter mit Doppelselbstlaut musst du dir besonders gut merken.

1. Schlage die Wörter in der Wörterliste nach. Schreibe sie mit Begleiter in der Einzahl und in der Mehrzahl auf. Schreibe so: das Haar – die Haare, S. 175; ...

Haar Seele Moos Beere
Allee Zoo Paar Staat

2. Findet die zusammengesetzten Namenwörter. Schlagt nach, wenn ihr unsicher seid.

Tee 

Kaffee 
Klee 
Schnee
See 
Haar 

3. aa, ee oder oo? In einem Wort passen zwei verschiedene Doppelselbstlaute.

M**r l**r W**ge F** d**f Id**

4. Ordnet alle Wörter mit doppeltem Selbstlaut auf dieser Seite nach dem Abc.

5. Trage alle Wörter dieser Seite in eine Tabelle ein:

Wörter mit aa	Wörter mit ee	Wörter mit oo

Wörter mit doppelten Mitlauten

> Auf einen kurz gesprochenen Selbstlaut folgen meistens zwei Mitlaute.

1. Finde die Namenwörter mit Doppelmitlaut und schreibe sie so: der Hammer, S. 176; …

2. Ergänzt die Reimwörter. Schreibe so: Kamm (S. 184), Lamm (S. 192), Stamm (S. 232); …

Kamm	Kanne	muss	Puppe	nett
L**	Pf**	K**	Gr**	B**
St**	T**	Schl**	S**	f**

3. Ordnet alle Wörter von Aufgabe 2 nach dem Abc. Markiert den kurz gesprochenen Selbstlaut mit einem Punkt. Übermalt den doppelten Mitlaut: Bett, …

4. Finde zu jedem Doppelmitlaut mindestens fünf Wörter in der Wörterliste.

mm ss tt nn ll

5. Erkläre diese Wörter in einem Satz.

Gewässer Johannisbeere Grammatik

Wörter mit ck und tz

Nach einem kurz gesprochenen Selbstlaut oder Umlaut schreiben wir **ck** (nicht kk) und **tz** (nicht zz).

1. Finde die Wörter mit tz. Schreibe sie mit Begleiter auf.
Schreibe so: die Katze, S. 185; ...

2. Finde die Wörter mit ck. Schreibe sie mit Begleiter auf.
Schreibe so: der Sack, S. 218; ...
Sack, Schnecke, Dackel, Jacke, Rücken

3. Setze die Wörter mit ck aus den Silben zusammen.
Schreibe so: backen, S. 136; ...
ba-, -cke, -cken, -cker, Früh-, Glo-, -stück, We-

4. Welche Wörter mit tz kannst du hier finden?
Klotz Grütze Metzger Naturschutz Pfütze

5. Ergänzt die Tabelle mit den fehlenden Wortarten der jeweiligen Wortfamilie. Unterstreicht den Wortstamm.

Namenwort	Tunwort	Wiewort
der Putzeimer		
	anecken	
	trotzen	
		lackiert

Der lange i-Laut

Der lang gesprochene **i**-Laut wird meistens **ie** geschrieben.

1. Finde jeweils zwei zusammengehörende Wörter und setze sie wie bei einer Plusaufgabe zu einem Namenwort zusammen: Spiegel + Ei = Spiegelei, …

Ei

Schale

Umschlag

2. Wie heißt die Grundform zu diesen Tunwörtern? Schreibe beide Formen zusammen auf: stieß, stoßen, S. 235; …

stieß   befiehlt   rief   stiehlt   schlief

3. Finde die Wörter in der Wörterliste und notiere sie mit der Seitenzahl: Sieger, S. 228; …

S✱✱ger   Sch✱✱dsrichter   Sp✱✱ler   L✱✱be   M✱✱te

4. Beim Buchstaben J gibt es nur ein ie-Wort. Schreibe es auf und erkläre es in einem Satz.

Das Silben trennende h

Wenn du ein Wort verlängerst, kannst du genau hören, ob du am Wortende oder zwischen zwei Selbstlauten ein **h** schreiben musst.

1. Findet die Namenwörter in der Wörterliste. Schreibt so:
das Reh – die Rehe, S. 215; ...

2. Schreibe die Mehrzahlwörter von Aufgabe 1 in Silben getrennt auf und übermale das Silben trennende h.

3. Finde zu jedem Tunwort die Grundform. Schreibe die Grundformen in Silben getrennt auf: nä–hen, ...

du nähst · ihr geht · er ruht · sie dreht · es blüht
er zieht · du stehst · es geschieht · ihr flieht

4. Schreibe ab und setze dabei unter die Wiewörter Silbenbögen: am frühen Morgen, ...

am frühen Morgen · ein frohes Singen
die nahen Ferien · der rohe Schinken

5. Wie heißt das Nachschlagewort zu den Wiewörtern von Aufgabe 4? Ordne nach dem Abc und schlage nach. Schreibe so: nah, S. 203; ...

6. Warum wird das Wiewort ruhig mit h geschrieben?

Wörter mit V/v

Der Buchstabe **V/v** kann wie ***f*** oder wie ***w*** ausgesprochen werden. Wörter mit **V/v** musst du dir besonders merken.

1. Finde zu den Vorsilben immer fünf Lieblingswörter in der Wörterliste. Unterstreiche die Vorsilbe.
Ver-   ver-   Vor-   vor-

2. Finde mindestens fünf Wörter mit V/v für jede Spalte der Tabelle. Wörter mit Ver-/ver- oder Vor-/vor- als Vorsilbe gelten nicht.

vier Buchstaben	fünf Buchstaben	sechs oder mehr Buchstaben
voll		

3. Trennt die fünf Fremdwörter. Schreibt so: Vol–ley–ball, S. 251; …
Volleyball   Videothek   Vegetarier   Vitamin   Vokabel

4. Finde die fünf V/v-Wörter: Vase, S. 245; …

5. Welche Zahlwörter werden mit v geschrieben?

6. Wie viele Wiewörter mit v findest du in der Wörterliste?

Namenwörter: Die Nachsilben -heit, -keit, -ung

Mit den Nachsilben **-heit, -keit** und **-ung** kannst du aus Wiewörtern oder Tunwörtern Namenwörter machen. Wörter mit diesen Nachsilben schreiben wir deshalb groß.

1. Bilde Namenwörter mit der Nachsilbe -ung. Setze den richtigen Begleiter davor: die Anstrengung, S. 133; ...

anstrengen begeistern impfen lösen warnen

2. Von welchen Tunwörtern sind diese Namenwörter abgeleitet? Schreibt sie in der Grundform so auf: Räumung → räumen, S. 213; ...

Räumung Reservierung Schwingung Bezahlung
Strömung Forschung Halbierung Grabung

3. Bilde aus den Wiewörtern Namenwörter. Ergänze den passenden Begleiter: die Freiheit, ...

frei, wild, zufrieden, gemein -heit

sparsam, übel, heiser, tapfer -keit

4. Von welchen Tunwörtern oder Wiewörtern sind diese Namenwörter abgeleitet? Schreibt sie so auf: Schönheit → schön, S. 224; ...

Schönheit Rettung Bosheit
Mischung Eitelkeit Quetschung

Tunwörter: Die Vorsilben be-, ent-, er-, ver-, zer-

Vorsilben verändern die Bedeutung eines Tunworts. Manchmal treffen bei einem Tunwort mit einer Vorsilbe auch zwei gleiche Buchstaben aufeinander: zer**r**eißen.

1. Bilde mit den Vorsilben neue Tunwörter. Welches Tunwort findest du auch in der Wörterliste? Notiere die Seitenzahl.

er- be- | blühen schlagen setzen | ver- zer-

2. Findet zu jedem Grundwort so viele Vorsilben wie möglich: begehen, …

gehen fragen schließen kommen fressen

3. Hier passt immer nur eine Vorsilbe zu einem Tunwort.

er- scheiden
zer- schützen
be- reichen
ent- loben
ver- stören

4. Ersetze den Wortbaustein vor dem Tunwort durch eine neue Vorsilbe: abbiegen – verbiegen, …

abbiegen überholen einsteigen losfahren

Wiewörter: Die Nachsilben -ig und -lich

Die Nachsilben **-ig** und **-lich** kommen nur bei Wiewörtern vor.

1. Bilde Wiewörter mit den Nachsilben -ig und -lich.
Schreibe so: ritterlich, S. 216; ...

2. Finde ein Namenwort aus der gleichen Wortfamilie.
Schreibe so: vorsichtig → die Vorsicht, S. 252; ...

vorsichtig natürlich feindlich ehrgeizig
gefährlich geduldig endlich sonnig

3. Findet in der Wörterliste passende Wiewörter mit den Nachsilben -ig oder -lich: dickköpfig, S. 149; ...

der Dickkopf der Durst der Sand die Ecke
die Angst die Schuld der Tag der Trotz

4. Welches Wiewort ist hier gemeint? Schreibe so:
so kleidet man sich für ein Fest: festlich (S. 161), ...

so kleidet man sich für ein Fest: f**
jemand benimmt sich wie ein König: k**
etwas ist wie ein Fluss: f**
man kann hindurchsehen: d**

Fremdwörter

Fremdwörter sind Begriffe und Wörter aus anderen Sprachen. Oft haben sie besondere Schreibweisen oder Aussprachen. Du musst sie dir besonders merken.

1. Die Tunwörter zu diesen Namenwörtern enden in der Grundform auf -ieren. Schlage sie nach und schreibe so: telefonieren, S. 238; …

Telefon Frisur Reparatur Kontrolle
Radiergummi Fotografie Information Nummer

2. Finde in der Wörterliste das dazugehörige Namenwort.

intelligent typisch politisch
technisch interessant rhythmisch

3. Welches Fremdwort passt? Schreibe so: der Zylinder, S. 263; …

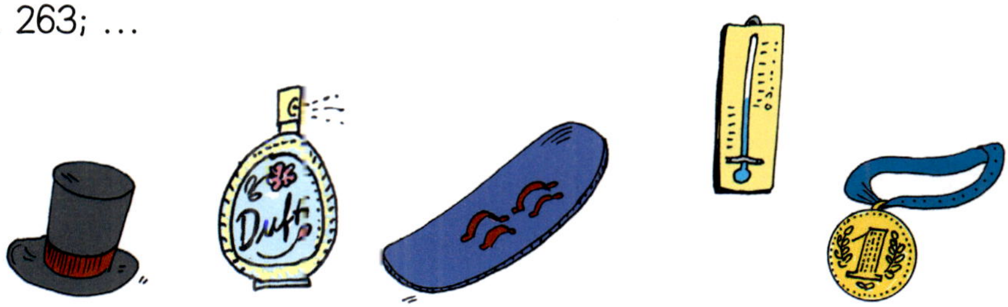

4. Welches Namenwort passt zu diesen Tunwörtern? Schreibt so: recyceln – das Recycling (S. 214), …

recyceln skaten cremen
e-mailen faxen scannen

Fundus

radeln – rasen – reisen

In einem Wortfeld sammelst du Wörter, die zu einem Thema gehören. Wortfelder können dir helfen, abwechslungsreiche und interessante Texte zu schreiben. Eine Geschichte über eine Fahrradtour wird zum Beispiel viel lebendiger, wenn du statt fahren auch einmal radeln, rasen, sausen oder rollen verwendest. Probiere es aus!

verzehren   frühstücken   probieren

speisen   **essen**   verschlingen

futtern   dinieren   fressen

löffeln   verdrücken

Er verzehrte genussvoll den Schokoladenkuchen.
Morgens frühstücke ich um 7 Uhr.
Mama probiert die Spagettisoße.
Wir speisen heute im besten Restaurant der Stadt.
Ich löffle meine Suppe.
Papa verdrückt fünf Spiegeleier auf einmal.
Unser Hund frisst am liebsten Hundekuchen.
Wenn es Pizza gibt, futtern wir fast ein halbes Blech leer.
Paul ist in Eile, deshalb verschlingt er sein Mittagessen.
König Kasper diniert mit Königin Kunigunde im Speisesaal.

rollen

sausen

zuckeln

reisen

radeln

fahren

steuern

brausen

lenken

rasen

schleichen

Gemächlich zuckelte der Eselskarren über die Landstraße.
Langsam rollte der Lkw über die schmale Brücke.
Jan saust mit seinen Skates um die Kurve.
Am Wochenende radeln Oma und Opa mit uns ins Grüne.
In diesen Ferien reisen wir nach Kroatien.
Er steuerte sein Auto durch den Kreisverkehr.
Die beiden Rennfahrer brausten in ihren Wagen um die Kurve.
Auf der Autobahn gibt es immer Fahrer, die rasen, und Fahrer, die schleichen.
Der Zirkusartist lenkte das Motorrad sicher über das Hochseil – das Publikum staunte.

glücklich

fröhlich

heiter

vergnügt

entzückt

froh

ausgelassen

selig

freudestrahlend

Vergnügt blätterte Ali in seinem neuen Comic-Heft.
Gestern hatte Maja noch schlechte Laune, heute ist sie wieder heiter.
Wenn ich mit dir zusammen bin, bin ich glücklich.
Wir saßen in fröhlicher Runde beisammen.
Freudestrahlend packte Ella ihre Geschenke aus.
Paula lächelte selig.
Oma ist entzückt, dass Ole ihr ein Ständchen bringt.
Wir toben ausgelassen im Garten.

bekümmert

niedergeschlagen

geknickt

untröstlich

verzweifelt

traurig

betrübt

Nach ihrer schlechten Prüfung war Pina ziemlich geknickt und niedergeschlagen.
Betrübt starrte er auf das tote Vögelchen.
Oma betrachtete bekümmert die Scherben der Tasse.
Der König war untröstlich, dass seine Lieblingstochter den Stallburschen heiraten wollte.
Ich bin so verzweifelt, ich könnte heulen!

laufen stapfen schleichen

schreiten taumeln springen humpeln

hasten **gehen** stürzen rasen

marschieren umherirren schlendern

bummeln staksen rennen

Von allen Tieren kann der Gepard am schnellsten laufen.
Opa schlendert gemütlich durch den Park.
Wir spielen Indianer und schleichen leise durchs Haus.
Die Braut schreitet stolz zum Altar.
Der kleine Floh sprang begeistert auf den zotteligen Hund.
Papa hastet noch schnell zum Supermarkt.
Die Soldaten marschierten über den Übungsplatz.
Ziellos irrte er im Labyrinth umher.
Nachdem Emily ihn geschubst hatte, taumelte Dennis.
Heute geht Mama mit meiner Tante in der Stadt bummeln.
Er stürzte ins Zimmer und rief: „Es brennt!“
Unbeholfen stakst das Fohlen über die Weide.
Ich habe mir den Knöchel verstaucht und humpele jetzt.
Heute gibt es Pommes – Tom und Leonie rasen nach Hause.
Wir stapfen durch den frischen Schnee.
Serife und Anna rennen um die Wette.

begabt

fähig

aufgeweckt

talentiert

verständig

klug

intelligent

weise

belesen

vernünftig

schlau

scharfsinnig

pfiffig

Tim ist besonders begabt in Mathematik.
Der Chef hält Herrn Schlaumeier für einen fähigen Mann.
Für ihr Alter ist die kleine Klara ziemlich verständig.
Die Lehrerin beschreibt Murat als ein aufgewecktes Kind.
Der Test hat es gezeigt: Line ist besonders intelligent.
Louise ist eine talentierte Reiterin.
Sei vernünftig und iss deinen Spinat!
Großvater ist sehr belesen – er kennt beinahe jedes Buch.
Die alte Eule aus dem Zoo sieht mit ihren großen Augen sehr weise aus.
Detektiv Spürnase löst jeden Fall: Er ist extrem scharfsinnig.
Du hältst dich wohl für besonders schlau?
Ben und Carolin haben eine pfiffige Lösung für das Müllproblem in ihrer Klasse gefunden.

anfangen · beenden · durchführen · erledigen · bauen · zubereiten · herstellen · **machen** · zerstören · unternehmen · ändern · reparieren · bearbeiten

Heute fange ich früher mit meinen Hausaufgaben an, damit ich mehr Zeit zum Spielen habe.
Er beendet die Arbeit auf der Raumstation und fliegt mit den anderen Astronauten zurück zur Erde.
Wir haben das Experiment so durchgeführt, wie es im Buch stand.
Kim hat alles erledigt, was sie sich vorgenommen hatte.
Am Wochenende bereitet Papa das Mittagessen für die ganze Familie zu.
Wir haben aus Holz, Pappe und Nägeln ein kleines Vogelhäuschen hergestellt.
Mein kleiner Bruder baut riesige Türme aus Bausteinen.
Onkel Frederik repariert den Gartenzaun, damit unsere Kaninchen nicht immer zum Nachbarn hoppeln.
Papa hat zugenommen – Mama ändert seine Hosen.
Diese Aufgabe könnt ihr zusammen bearbeiten!
Jeden Nachmittag unternimmt Pjotr etwas mit Sascha.
Eine riesige Welle zerstört unsere Sandburg.

äußern

rufen

erwähnen

reden

meinen

fragen

erzählen

aussprechen

plaudern

berichten

vortragen

entgegnen

antworten

erwidern

sagen

murmeln

jammern

schimpfen

murren

meckern

prahlen

schwatzen

quatschen

flüstern

stottern

tuscheln

Dieses schwierige Wort kann ich nicht aussprechen.
Der Politiker äußerte sich zu dem Problem.
Nebenbei erwähnte sie, dass sie Angst vor Hunden hatte.
Mit meiner Tante Maggie kann ich über alles reden.
Tim meinte: „Das ist mein Lieblingseis."
Tarek erzählt seiner Oma vom Ausflug in den Freizeitpark.
Tante Trudi und Tante Gisela plaudern über die alten Zeiten.
Der Reporter berichtet von der Fußball-EM.
Auf unserer Feier soll Jasper ein Gedicht vortragen.
„Das war ich nicht!", entgegnete der Verdächtigte dem Polizisten.
Bitte laut und deutlich antworten!
Auf den Vorwurf, er hätte gelogen, konnte er nichts erwidern.
Wenn du nicht weiterweißt, kannst du mich gerne fragen.
Leise murmelt der Zauberer die Zauberformel.
Hör auf zu jammern, so schlimm ist es nicht!
Nachdem Mama mit ihm geschimpft hatte, verzog sich Finn murrend in sein Zimmer.
Du hast auch immer was zu meckern!
Jimi prahlt, er wäre der schnellste Läufer der Schule.
Papa ruft in den Flur, dass alle zum Essen kommen sollen.
Frau Bauer ärgert sich, dass Lena und ich im Unterricht immer so viel schwatzen und quatschen.
Wenn Jonas aufgeregt ist, stottert er ein bisschen.
Ich flüstere dir ein Geheimnis ins Ohr.
Die Mädchen tuscheln wieder miteinander über ihren Lieblingsstar.

erspähen

betrachten

beobachten

gaffen

mustern

anschauen

sehen

entdecken

besichtigen

starren

erkennen

blinzeln

angucken

Der Jäger erspähte das Reh im Unterholz.
Im Museum betrachtet die Klasse ein Kunstwerk von Miró.
Im Sommer kannst du genau beobachten, wie schnell Eis in der Sonne schmilzt.
Er musterte ihre neue Hose abschätzig.
Heute Abend schauen wir uns einen Actionfilm an.
Auf der Ritterburg haben wir auch das dunkle Verlies im Keller besichtigt.
Im dichten Nebel konnte Lin kaum die Hand vor Augen erkennen.
Schließlich entdeckten wir Omas Brille unter dem Sofakissen.
Von der Sonne geblendet, blinzelte er mit den Augen.
Ich gucke mir vor dem Einschlafen gern noch die Einträge in meinem Freundebuch an.
An der Unfallstelle waren mehrere Menschen, die nicht helfen, sondern nur starren und gaffen wollten.

verstimmt aufgebracht böse missmutig empört beleidigt ungehalten

wütend

erbost entrüstet geladen aufbrausend ärgerlich

Nach unserem Streit gestern war Oma ziemlich verstimmt.
Helen ist beleidigt und will nicht mehr mitspielen.
Missmutig betrachtete Mama das verbrannte Törtchen.
Nun werde nicht gleich ungehalten!
Aufgebracht schlug er mit der Faust auf den Tisch.
Yannis ist empört: Sein nagelneuer Wecker funktioniert nicht und jetzt hat er die erste Stunde verschlafen.
Bist du mir noch böse?
„Nein“, rief Papa entrüstet, „ich habe den letzten Pfannkuchen nicht gegessen!“
Wie ärgerlich, dass wir keine Karten mehr für das Konzert bekommen haben!
Mama war ziemlich geladen, als sie die kaputte Vase entdeckte.
Erbost zischte Marie: „Lass mich bloß in Ruhe!“
Jakob ist immer so aufbrausend – bei der kleinsten Kleinigkeit geht er an die Decke.

Kannst du selber solche Wortfelder füllen? Probiere es aus, z.B. mit den Wörtern *lachen, weinen, sich freuen, trinken, schön, hässlich …*

Wortfamilien

Alles Verwandte

Wörter mit demselben Wortstamm gehören zu einer Wortfamilie: arbeiten, Arbeiter, arbeitslos. Bei manchen Wörtern aus derselben Wortfamilie kann sich der Wortstamm leicht verändern – sie bleiben trotzdem Verwandte! Dies siehst du zum Beispiel bei fahren, du fährst, er fuhr. Ein verwandtes Wort zu suchen, kann dir beim richtigen Schreiben helfen.

arbeiten

Bei der Arbeit trägt er Arbeitskleidung.

der Arbeiter

Papas Chef ist sein Arbeitgeber.

arbeitslos

der Arbeitstag

ein Stück Holz bearbeiten

Mein Arbeitsplatz ist mein Schreibtisch.

Wer viel arbeitet, ist ein richtiges Arbeitstier.

die Arbeitszeit

die Arbeitslosigkeit

denken

das Denkmal

Denkste!

die Gedanken

ein Andenken aus dem Urlaub

jemandem einen Denkzettel verpassen

die Andacht in der Kirche

das Gedächtnis

Das ist doch undenkbar!

Das hast du dir so gedacht!

Der Kommissar hat einen Verdacht.

Opa stieg bedächtig die Stufen hinauf.

fahren

er fuhr

du fährst

die Fähre nach Helgoland

Ohne Fahrkarte bist du ein Schwarzfahrer!

das Fahrrad

fahrtüchtig

jemandem die Vorfahrt nehmen

wegfahren

eine Fuhre Heu

der Fahrstuhl

gefährlich

die viel befahrene Autobahn

der Fahrplan

sich in einer fremden Stadt verfahren

das Pferdefuhrwerk

geben

du gibst

Es hat ein schreckliches Unwetter gegeben!

wir gaben

jemandem etwas vom Pausenbrot abgeben

So ein Angeber!

der Abgabetermin

der weihnachtliche Gabentisch

vergeblich

Das Publikum rief: „Zugabe!“

sprechen

der Sprecher in den Nachrichten

die Sprache

du sprichst

Türkisch ist Murats Muttersprache.

Der Zahnarzt hat von 8–12 Uhr Sprechstunde.

das Gespräch

eine Sprechblase im Comic

der Zauberspruch

der Sprücheklopfer

Wir sprachen über Katzen.

ein altes Sprichwort

Ich gebe dir ein Versprechen.

Er war sprachlos vor Überraschung.

tragen

ich trug

er hat getragen

der Auftrag

Paul macht Paula einen Heiratsantrag.

eine trächtige Stute

Opas Hosenträger

Wir haben uns wieder vertragen.

tragbar

die Übertragung im Fernsehen

Ich brauche eine Tragetasche.

Den Lärm kann keiner mehr ertragen!

sie trägt

kennen

Wir haben ihn gut gekannt.

Der Weinkenner wählt den besten Rotwein aus.

Du kennst doch Paul, oder?

das Kennzeichen

Im Nebel ist nichts zu erkennen.

der Bekannte

Bekanntlich singt sie gern.

die Kenntnis

ein verkanntes Genie

Unfallstelle kenntlich machen!

laufen

du läufst

er lief

vor einem Hund weglaufen

der Ausdauerlauf

der Läufer

Das passiert mir laufend!

Ist dir das Wort geläufig?

eine läufige Hündin

Wir sind durch den Park gelaufen.

eine Laufmasche in Omas Strumpfhose

die Hürdenläuferin

der Laufstall

Sammle doch auch einmal Wortverwandte, z.B. die Wortfamilien zu *binden, drucken, erzählen, essen, fallen, fließen, gießen* oder *kochen*!

Reimwörterliste

Mein Reim – dein Reim

Hier kannst du Reimwörter für ein Gedicht finden. Wie endet das Wort, zu dem du einen passenden Reim suchst? Schaue in der linken Spalte bei den Endungen nach. Rechts daneben findest du die Reimwörter.

-acht:	acht · die Macht · er lacht · die Yacht · es kracht · die Tracht · die Fracht · die Schlacht
-ahl:	kahl · sie stahl · die Zahl · der Stahl · die Wahl · der Gemahl · der Strahl · der Pfahl
-all:	der Fall · der Ball · der Wall · prall · der Stall · das Metall · der Knall · der Schall
-alt:	alt · halt · kalt · die Gewalt · die Gestalt
-amm:	das Gramm · der Stamm · der Kamm · das Lamm · der Schwamm · sie schwamm · der Damm
-and:	das Band · er fand · das Land · der Rand · der Sand · die Hand · der Brand · die Wand · sie stand · der Strand
-ank:	die Bank · der Tank · der Zank · krank · es sank · der Gestank · der Schrank · der Dank
-art:	der Bart · hart · zart · der Start · er spart · smart
-ase:	die Nase · der Hase · die Vase · die Oase · die Blase · ich rase
-ass:	der Hass · nass · der Pass · das Fass · krass
-att:	matt · satt · platt · glatt · das Blatt
-au:	blau · rau · der Pfau · die Frau · grau · der Tau
-auch:	der Lauch · der Rauch · der Bauch · der Strauch · der Hauch · der Schlauch · der Brauch

-auchen:	sie fauchen · wir tauchen · sie brauchen · sie rauchen
-aufen:	wir laufen · sie kaufen · sie taufen · wir raufen · der Haufen · sie schnaufen
-aum:	der Baum · der Raum · der Flaum · der Zaum · kaum · der Traum · der Saum · der Schaum
-aus:	das Haus · aus · die Maus · raus · kraus · Klaus · der Schmaus · die Laus
-ecke:	die Ecke · die Decke · ich lecke · ich wecke · die Strecke
-egen:	wir legen · sie pflegen · wir fegen · der Regen · wegen · der Segen · wir hegen · verlegen
-ehen:	sie gehen · wir sehen · die Zehen · sie drehen · wir stehen · sie flehen · es ist geschehen
-ei:	das Ei · das Blei · bei · der Brei · drei · zwei · vorbei
-eiben:	sie reiben · wir bleiben · wir treiben · die Scheiben · sie schreiben
-eich:	reich · gleich · weich · der Teich · bleich · der Streich
-eide:	beide · die Heide · die Seide · die Weide · das Getreide · die Kreide
-ein:	das Bein · nein · fein · kein · klein · der Stein · der Wein · allein · der Verein · mein · sein · rein
-eld:	der Held · das Feld · das Geld
-ellen:	sie bellen · die Wellen · die Quellen · wir stellen · die Forellen · die Libellen · die Kapellen
-eller:	der Keller · der Teller · schneller · heller · greller

-essen:	sie messen · wir essen · sie fressen · wir vergessen · Hessen · die Adressen · er hat gesessen
-ett:	das Brett · fett · nett · das Ballett · das Bett · komplett
-eute:	heute · die Beute · die Meute · die Leute · es freute
-icht:	dicht · das Licht · nicht · die Sicht · das Gericht · er bricht · sie sticht · das Gedicht
-icken:	sie kicken · wir nicken · sie ticken · wir flicken · sie schicken · wir zwicken · die Zicken · sie stricken
-ieb:	der Hieb · er trieb · lieb · sie blieb · das Sieb · der Betrieb · der Dieb · sie schrieb
-ief:	er lief · sie rief · tief · der Brief · schief · sie schlief
-iegen:	wir fliegen · sie siegen · sie liegen · wir stiegen · sie kriegen · wir biegen · wir wiegen
-ief:	sie spielen · wir zielen · sie fielen · sie schielen
-ier:	das Tier · vier · das Papier · hier · das Bier · die Gier · der Stier · das Klavier · das Revier
-ille:	die Stille · die Brille · der Wille · die Pille · die Vanille
-immer:	das Zimmer · immer · schlimmer · der Schimmer · der Schwimmer · das Gewimmer
-ind:	das Kind · das Rind · der Wind · sie sind · blind
-inken:	wir winken · sie trinken · sie sinken · wir hinken · die Finken · sie blinken · wir stinken
-innen:	sie rinnen · drinnen · wir spinnen · sie beginnen · wir gewinnen
-itte:	bitte · die Mitte · die Tritte · der Dritte · die Sitte · die Quitte · die Ritte

-itter:	bitter · das Gitter · der Ritter · das Gewitter · der Splitter · er wird Dritter
-itz:	der Witz · der Blitz · Fritz · der Sitz · der Schlitz
-och:	doch · der Koch · noch · das Loch · er kroch
-ochen:	wir lochen · der Knochen · sie kochen · die Wochen · wir rochen · sie pochen · sie krochen · versprochen
-ock:	der Bock · der Rock · der Block · der Stock · der Schock
-ocken:	sie hocken · die Locken · die Socken · trocken · die Glocken · die Flocken · der Brocken
-ollen:	sie rollen · wir sollen · der Stollen · wir wollen · die Pollen · sie tollen · wir grollen · die Schollen
-opf:	der Kopf · der Zopf · der Topf · der Knopf · der Schopf
-ort:	der Ort · dort · der Sport · fort · der Hort · das Wort · sofort
-ose:	die Hose · die Rose · die Lose · die Mimose · die Dose
-ot:	sie bot · die Not · rot · tot · der Pilot · das Verbot
-ücke:	die Brücke · die Stücke · die Mücke · ich pflücke · die Lücke · ich verrücke · ich beglücke
-und:	und · rund · der Fund · der Hund · der Mund · der Grund · gesund · der Schlund · das Pfund
-uppe:	die Puppe · die Suppe · die Truppe · die Gruppe · die Kuppe · die Schuppe · die Sternschnuppe
-ut:	gut · der Mut · die Flut · er tut · der Hut · die Wut · das Blut · die Brut

Jetzt macht's „Klick"

In unserer Alltagssprache verwenden wir häufig Sprichwörter und Redewendungen. Oft fällt uns das gar nicht auf. Wir sagen zum Beispiel: „Da muss ich wohl in den sauren Apfel beißen!", wenn wir etwas Unangenehmes nicht vermeiden können. Oder: „Nimm mich nicht auf den Arm!", wenn sich jemand einen Spaß mit uns erlauben will. Und wo richtig was los ist, da, sagen wir, „steppt der Bär".
Aber: Beißen wir denn wirklich in einen Apfel? Hebt uns jemand auf seinen Arm? Und wo ist denn nun dieser steppende Bär? Viele dieser Sätze meinen wir also gar nicht wörtlich. Sie haben noch eine andere Bedeutung, die wir auch „übertragene Bedeutung" nennen. Oft sind sie schon viele hundert Jahre in unserer Sprache überliefert.
In diesem Kapitel kannst du herausfinden, wie einige Sprichwörter und Redewendungen, die du bestimmt schon einmal gehört hast, entstanden sind und was sie bedeuten. Und am Ende hat's dann sicher auch bei dir „Klick" gemacht …

Wer A sagt, muss auch B sagen!

Du musst jetzt nicht gleich das ganze Alphabet aufsagen. Aber es geht schon darum, dass das B natürlich auf das A folgt. Man benutzt diese Redewendung, um jemandem klarzumachen, dass er eine Sache zu Ende machen muss, wenn er sie einmal angefangen hat. Und zwar auch dann, wenn es schwierig wird …

Jemandem etwas abknöpfen

Das bedeutet: jemandem etwas Wertvolles wegnehmen, sogar stehlen. Früher haben sich reiche Herren manchmal einen silbernen oder goldenen Knopf von ihrer Kleidung „abgeknöpft", um ihn z.B. einem treuen Diener zu schenken. Viel öfter kam es jedoch vor, dass ihnen die wertvollen Knöpfe unfreiwillig durch Diebe „abgeknöpft" wurden …

Etwas ausbaden müssen

Ihr alle zusammen hattet euch den kleinen Streich ausgedacht – aber nur du wurdest geschnappt und hast eine Strafe bekommen! Jetzt musst du die Sache ausbaden, also dafür büßen. Das Wort *ausbaden* kommt aus der Zeit, als warmes Badewasser noch etwas sehr Kostbares war. Deshalb stieg nicht nur einer in die warme Wanne, sondern gleich mehrere hintereinander wuschen sich darin. Und der Letzte – der musste das „ausbaden": Er musste zum Schluss die Wanne ausleeren und den Dreck herausschrubben, den er und alle seine Vorgänger hinterlassen hatten.

Da steppt der Bär!

Das sagt man gerne, wenn irgendwo ausgelassen gelacht und gefeiert wird. Das haben die Menschen schon immer gerne getan, früher z.B. auf Jahrmärkten, wo sie von allerlei lustigen Dingen unterhalten wurden. Besonders gelacht haben sie über die tanzenden Bären, die dort häufig ihre Kunststückchen aufführten. Und so sind uns die Tanzbären in dieser Redewendung erhalten geblieben.

Auf der Bildfläche erscheinen

Jetzt hast du dich aber erschreckt – urplötzlich ist Lorenz vor dir auf der Bildfläche erschienen, dabei hattest du ihn gar nicht kommen hören oder sehen! Ungefähr so ist es auch den Menschen im 19. Jahrhundert gegangen, als sie die ersten Fotos entwickelt haben: Auf dem zunächst scheinbar leeren Fotopapier erschienen plötzlich die fotografierten Menschen und Gegenstände „auf der Bildfläche“, sobald das Fotopapier in die Entwicklerlösung eingetaucht wurde.

Den Bock zum Gärtner machen

Was macht der Ziegenbock im Garten? Richtig, er frisst sich genüsslich durch die Beete, mampft die Salatköpfe auf, knabbert an den Sträuchern und beißt den Blumen die Köpfe ab. Als Gärtner eignet er sich also überhaupt nicht! Deshalb benutzt man diese Redewendung, wenn jemand eine Aufgabe übertragen bekommen hat, für die er völlig ungeeignet ist.

Ins Fettnäpfchen treten

Früher stand in Bauernhäusern zwischen Tür und Ofen ein Topf mit Stiefelfett für alle bereit, die von draußen hereinkamen. Waren ihre Stiefel nass geworden, konnten sie sie sofort nachfetten und so wieder wasserdicht machen. Wer allerdings unachtsam war und in dieses Fettnäpfchen mit Stiefelfett hineintrat, konnte sich schnell den Ärger der Hausfrau zuziehen – stell' dir nur mal die dicken Fettflecken vor, die er dann beim Gehen auf dem Fußboden hinterlassen hat! Heute sagt man, jemand *tritt in ein Fettnäpfchen*, wenn er durch eine unbedachte Äußerung jemanden beleidigt und es sich mit ihm verdirbt.

Auf großem Fuß leben

Da denkt man doch zunächst an Schuhgröße 47, oder? Gar nicht so falsch, denn die Redewendung bezieht sich auf eine Geschichte über den Grafen von Anjou, der sich im Mittelalter riesengroße Schnabelschuhe anfertigen ließ. Solche Schuhe wollten dann schnell alle haben – aber nur die Reichen konnten es sich leisten. *Auf großem Fuß* konnte man also nur leben, wenn man viel Geld hatte. Und das bedeutet die Redewendung heute noch.

Einem geschenkten Gaul schaut man nicht ins Maul

Dieses Sprichwort bekommst du zu hören, wenn du dich beklagst, du hättest statt der Häkelsocken lieber ein Computerspiel von Tante Trudi bekommen. Denn: Für Geschenke soll man dankbar sein und nicht daran herummäkeln. Das fanden die Menschen auch schon vor über tausend Jahren, als das Sprichwort entstand. Es geht auf den Pferdehandel zurück: Um das Alter eines Pferdes festzustellen, schaute man ihm ins Maul. Am Abrieb der Zähne konnte man erkennen, ob es noch jung und leistungsfähig war oder schon älter und schwächer. Kaufen wollte man natürlich nur ein junges, kräftiges Pferd. Aber bei einem *geschenkten* Pferd war der Blick ins Maul natürlich ziemlich unhöflich – und das gilt im übertragenen Sinne auch heute noch für Tante Trudis Häkelsocken.

Unter aller Kanone sein

Dein letztes Diktat war *unter aller Kanone*? Keine Sorge, es gibt nicht gleich Kanonendonner und Kriegsgetümmel! Denn das Wort „Kanon“ in dieser Redewendung hat nichts mit einer Waffe zu tun, sondern leitet sich von einem hebräischen Wort ab, das eine Art Schilfrohr bezeichnete. Dieses diente früher als Messrute. Wenn also etwas besonders gering und klein war, erreichte es nicht mal den untersten Messpunkt dieser Messrute. Deshalb meint man heute mit diesem Ausspruch eine Leistung, die unterhalb aller Mindestanforderungen war. Also, beim nächsten Diktat: Ohren spitzen!

Für jemanden eine Lanze brechen

Wir versetzen uns zurück ins Mittelalter: Ein edler Ritter hat sich eine Dame seines Herzens auserkoren. Jetzt will er ihr auf dem Turnier beweisen, was für ein heldenhafter Kämpfer er ist. Sein Sieg soll ihr gewidmet sein, auf ihn soll sie sich verlassen können! Manchmal kam es anders, und statt eines Sieges ging die Lanze zu Bruch – der Ritter hatte sie *für seine Dame gebrochen*. Deshalb benutzt man die Redewendung heute, wenn man sich besonders für jemanden einsetzt, ihn verteidigt und in Schutz nimmt.

Das brennt mir auf den Nägeln!

„Das ist mir ungeheuer wichtig!“, könntest du auch sagen. Im Mittelalter war es für die Mönche sehr wichtig, auch in den dunklen Wintermonaten in der Frühmesse ihr Gebetbuch lesen zu können. Deshalb befestigten sie sich häufig eine kleine Wachskerze auf ihren Fingernägeln, die, *auf den Nägeln brennend*, für Helligkeit sorgte.

Vor Neid platzen

Ben hat ein neues Rennrad, Anna kann jetzt den Kopfsprung vom Fünfer – und alles, was du hast, ist ein Loch im rechten Strumpf. Da kann man schon mal neidisch werden! So ging es auch dem Frosch in der griechischen Fabel. Er wäre gerne so groß gewesen wie der dicke Ochse, den er glühend um seine Kraft und Stärke beneidete. Also blies er sich auf – so lange, bis er platzte …

Jemanden dorthin wünschen, wo der Pfeffer wächst

Nervige Geschwister, nörgelnde Fußballtrainer, tätschelnde Tanten – manchmal wünscht man sie alle einfach weit, weit weg! Das ging auch früher schon Menschen mit einigen ihrer Zeitgenossen so. Damit es sich auch lohnte, wünschten sie diese gleich bis in das Land, *in dem der Pfeffer wächst* – Indien. Dorthin brauchten die Handelsschiffe nämlich mehrere Monate, es musste also ziemlich weit weg sein! Gerade weit genug …

Kannst du herausfinden, woher folgende Redensarten kommen und was sie bedeuten? Forsche im Internet und in Büchern oder frage nach. Du kannst auch einfach deine eigenen Ideen dazu aufschreiben:

- Den Kopf in den Sand stecken
- Jemandem etwas in die Schuhe schieben
- Wer im Glashaus sitzt, sollte nicht mit Steinen werfen.
- Das schwarze Schaf sein
- Jemanden auf die Palme bringen
- Einen Zahn zulegen
- Die Katze im Sack kaufen
- Etwas auf die hohe Kante legen
- Den Kürzeren ziehen

Woher kommen unsere Wörter?

Wortgeschichte – Sprachgeschichte

Unsere Sprache hat sich über hunderte von Jahren hinweg entwickelt. Auch unsere Wörter haben also ihre eigene Geschichte.
Viele von ihnen sind aus anderen Sprachen übernommen worden. Schon immer haben sich die Menschen untereinander ausgetauscht und Wissen und Erfahrungen weitergegeben. Daran waren oft auch Menschen mit ganz unterschiedlichen Sprachen beteiligt. So sind immer wieder Wörter aus anderen Sprachen in unsere Sprache gelangt und haben darin einen festen Platz gefunden. Ihre fremde Herkunft kann man heute kaum mehr erkennen.
Andere Wörter haben im Laufe der Geschichte ihre Bedeutung verändert. Auch sie haben ihre eigene Sprachgeschichte. Du siehst also, Sprache ist etwas ganz Lebendiges!
Auf den folgenden Seiten wird dir die Geschichte einiger Wörter, die du gut kennst, vorgestellt.

Apotheke

Ein Apotheker verwaltet eine große Menge an Heilmitteln. Im Mittelalter waren dies vor allem Heilkräuter, und der *apoteker* war der Mönch, der im Kloster die Heilkräutervorräte überwachte. Das Wort *Apotheke* geht aber eigentlich schon auf die Griechen und Römer zurück. Sie verstanden darunter allerdings nur ganz allgemein einen Lagerraum.

Brille

Was haben eine Brille und ein Edelstein miteinander zu tun? Nichts, wirst du denken. Und doch besteht eine Verbindung: Aus Beryll, einem Halbedelstein, wurden nämlich vor mehr als 600 Jahren in Italien die ersten Brillen gemacht. Dazu schliff man den Beryll so, dass er den Menschen zu besserer Sicht verhalf. Erst viel später konnte man Sehhilfen aus Glas – Brillengläser – herstellen. Da hieß die *Brille* aber bereits so ähnlich wie der *Beryll*, aus dem sie zu Anfang gemacht war.

Buch

Unser Wort *Buch* hat eine lange Geschichte:
Ab einem bestimmten Zeitpunkt wurden beschriebene Blätter nicht mehr wie früher zusammengerollt, sondern zusammengebunden wie die Bücher, die du heute kennst. Das fertige Produkt erhielt den Namen *buoh (= Buch)*. Damit bezeichnete man jedoch eigentlich die darin befindlichen Buchstaben. Diese waren nämlich in ganz früher, altgermanischer Zeit aus Buchenstäbchen gefertigt worden und hatten so ihren Namen erhalten *(buohen)*. Das *Buch* heißt also eigentlich wie die *Buchstaben* – und diese heißen wie das Material, aus dem sie früher einmal gemacht worden sind.

Januar

Dieser Monat wurde nach dem Gott Ianus benannt. Im alten Rom stellte man sich Ianus mit zwei Gesichtern vor – einem an der Vorderseite und einem an der Hinterseite seines Kopfes. So konnte er gut an Türen den Ein- und Ausgang von Menschen überwachen. Da nun am 1. Januar das alte Jahr endet, uns also sozusagen „verlässt“, und ein neues Jahr zu uns „hereintritt“, eignete sich Ianus besonders als Namensgeber für diesen Monat.

Ketschup

Wenn du *Ketschup* hörst, denkst du sicher an knusprige Pommes mit einer ordentlichen Portion Tomatenketschup – und nicht an China, oder? Das Verblüffende: Unser Wort *Ketschup* hat sich aus einem chinesischen Wort *(ketsiap)* entwickelt, das „Fischsoße“ bedeutete. Von Tomaten also zunächst keine Spur! Die kamen erst ins Rezept, als das Wort *Ketschup* schon lange bei uns in Europa angekommen war. Und dann auf deine Pommes …

Kokosnuss

Mit dem Wort *coco* bezeichnen portugiesische Kinder ein schauriges Schreckgespenst. Und da die Kokosnuss wie ein stark behaarter, dunkler Kopf und durchaus ein bisschen Furcht einflößend aussieht, wurde das Wort auch auf sie übertragen.

Konfetti

Das italienische Wort *confetti* bezeichnet eigentlich kleine Süßigkeiten (hier siehst du auch eine Verwandtschaft zum dem Wort „Konfekt“). Diese Süßigkeiten wurden früher, in kleine Papierstückchen eingewickelt, bei römischen Karnevalsumzügen in die wartende Menschenmenge geworfen. Heute sind hiervon nur noch die Papierschnipsel übrig geblieben, die einst die Süßigkeiten umhüllten – schade eigentlich …

Märchen

Bei einem *Märchen* handelt es sich um eine kleine, kurze *maere*. Dieses Wort wurde im Mittelalter für Erzählungen und Berichte aller Art verwendet. Heute verstehen wir unter *Märchen* die Texte, die vor rund zweihundert Jahren die Gebrüder Grimm und andere zu sammeln begannen: *Rotkäppchen, Die sieben Geißlein, Schneewittchen …*

Muskel

Hast du schon einmal beobachtet, wie es aussieht, wenn du einen Muskel stark anspannst und wieder entspannst? Die Menschen früher fanden, die Muskelbewegung ähnele einer Maus, die unter der Haut entlanghuscht. Daher hat der Muskel seinen Namen vom lateinischen Wort *musculus* – es bedeutet „Mäuschen“.

Pizza

Die Pizza ist entstanden als eine nahrhafte Mahlzeit für arme Leute: ein einfacher Brotfladen, der mit verschiedenen Belägen wie Wurst, Käse, Tomaten und Gemüse im Ofen gebacken wird. Und das bedeutet das arabische Wort *pita* auch, von dem unser Wort *Pizza* abgeleitet ist: „Brot“.

Tulpe

Eine Tulpe sieht aus wie ein gewickelter Turban – das fanden zumindest die Menschen, die dieser aus dem Orient stammenden Blume im 16. Jahrhundert ihren Namen gaben. Dabei orientierten sie sich an dem türkischen Wort *tülbend*, das „Turban“ bedeutet.

Weihnachten

Neben dem Wort *Nacht* steckt in diesem Wort auch das althochdeutsche Wort *wih* – das bedeutete „heilig". Die Weihnacht ist also für die Christen die „heilige Nacht", in der Jesus Christus geboren wurde.

Zeitung

Dieses Wort bedeutete ursprünglich nichts anderes als die „Neuigkeit", die man sich untereinander erzählt. Diese verbreiten die Zeitungen ja noch heute – aber erst seit etwa 1600 sind mit dem Wort auch die auf Papier gedruckten Neuigkeiten gemeint.

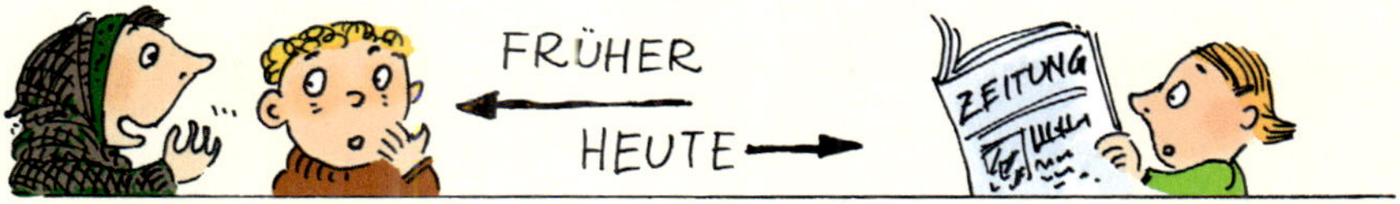

Kannst du herausfinden, woher folgende Wörter kommen und was sie bedeuten? Forsche im Internet und in Büchern oder frage nach. Du kannst auch einfach deine Ideen dazu aufschreiben.

- Apfelsine
- Bibliothek
- Olympiade
- Papier

My body

arm	Arm	hip	Hüfte
belly	Bauch	knee	Knie
belly-button	Bauchnabel	leg	Bein
body	Körper	neck	Hals
bottom	Po	shoulder	Schulter
feet	Füße	toe	Zeh
finger	Finger		
foot	Fuß	jump	springen
hand	Hand	run	rennen
head	Kopf	sit	sitzen

Look at my face!

ear	Ohr
eye	Auge
face	Gesicht
hair	Haar
lips	Lippen
mouth	Mund
nose	Nase
teeth	Zähne
tongue	Zunge
tooth	Zahn

cry	weinen
hear	hören
laugh	lachen
see	sehen
speak	sprechen

My family

aunt	Tante
baby	Baby
brother	Bruder
child	Kind
cousin	Cousin
family	Familie
father	Vater
grandfather	Großvater
grandmother	Großmutter
man	Mann
mother	Mutter
parents	Eltern
sister	Schwester
uncle	Onkel
woman	Frau

old	alt
young	jung

How we live

bathroom	Badezimmer
bed	Bett
bedroom	Schlafzimmer
chair	Stuhl
door	Tür
floor	Fußboden
home	Zuhause
house	Haus
kitchen	Küche
living room	Wohnzimmer
pet	Haustier
roof	Dach
room	Zimmer
stairs	Treppe
table	Tisch
wall	Wand
window	Fenster
live	leben

At school

board	Tafel	rubber	Radiergummi
book	Buch	ruler	Lineal
chalk	Kreide	school	Schule
classroom	Klassenraum	schoolbag	Schultasche
computer	Computer	teacher	Lehrer, Lehrerin
glue	Klebstoff		
paper	Papier	ask	fragen
pen	Füller	learn	lernen
pencil	Bleistift	listen to	zuhören
pencil case	Federmappe	read	lesen
pupil	Schüler, Schülerin	understand	verstehen
		write	schreiben

Time for lunch

apple	Apfel
bread	Brot
fish	Fisch
fork	Gabel
ice cream	Speiseeis
juice	Saft
lemonade	Limonade
lunch	Mittagessen
meat	Fleisch
milk	Milch
plate	Teller
potato	Kartoffel
sandwich	Sandwich
soup	Suppe
spoon	Löffel
tea	Tee
vegetables	Gemüse
drink	trinken
eat	essen
hungry	hungrig
thirsty	durstig

I like animals

animal	Tier	guinea pig	Meerschweinchen
bear	Bär	horse	Pferd
bird	Vogel	lion	Löwe
cat	Katze	monkey	Affe
cow	Kuh	mouse	Maus
dog	Hund	pig	Schwein
duck	Ente	sheep	Schaf
elephant	Elefant	snake	Schlange
fish	Fisch		

We play outside

ball	Ball	sky	Himmel
cloud	Wolke	sun	Sonne
flower	Blume	swing	Schaukel
grass	Gras	tree	Baum
monkey bars	Klettergerüst		
mountain bike	Fahrrad, Mountainbike	build	bauen
		play	spielen
player	Spieler	ride a bike	Rad fahren
playground	Spielplatz	run	rennen
sandpit	Sandkasten		

Seasons

autumn	Herbst
Christmas	Weihnachten
Easter	Ostern
holidays	Ferien
rain	Regen
rainbow	Regenbogen
snow	Schnee
spring	Frühling
summer	Sommer
weather	Wetter
wind	Wind
winter	Winter

cloudy	wolkig
cold	kalt
hot	heiß
sunny	sonnig
warm	warm
wet	nass

My clothes

anorak	Anorak
boot	Stiefel
cap	Kappe, Mütze
clothes	Kleidung
coat	Mantel
jeans	Jeans
pullover	Pullover
pyjamas	Schlafanzug
scarf	Schal
shoes	Schuhe
shorts	kurze Hose
skirt	Rock
socks	Socken
sweatshirt	Sweatshirt
T-shirt	T-Shirt
put on	anziehen
take off	ausziehen
wear	(Kleidung) tragen

Shopping

computer game	Computerspiel	toy train	Spielzeug-eisenbahn
doll	Puppe		
money	Geld	buy	kaufen
shop	Geschäft	like	mögen
skipping rope	Springseil	pay	bezahlen
teddy bear	Teddybär		
toy	Spielzeug	cheap	billig
toy boat	Spielzeugschiff	expensive	teuer
toy car	Spielzeugauto	new	neu

Our town

bus	Bus
car	Auto
lake	See
motorbike	Motorrad
park	Park
pavement	Bürgersteig
road	Straße
station	Bahnhof
supermarket	Supermarkt
town	Stadt

traffic lights	Ampel
train	Zug
truck	Lastwagen

drive	fahren
stand	stehen
walk	gehen

Hobbies

listening to music	Musik hören
painting	malen
playing computer games	Computerspiele spielen
playing football	Fußball spielen
playing tennis	Tennis spielen
playing the guitar	Gitarre spielen
reading books	lesen
riding a bike	Fahrrad fahren
riding a horse	reiten
swimming	schwimmen
watching TV	fernsehen

Colours and numbers

black	schwarz	orange	orange
blue	blau	red	rot
brown	braun	white	weiß
green	grün	yellow	gelb
grey	grau	pink	pink

one	1	eins	seven	7	sieben
two	2	zwei	eight	8	acht
three	3	drei	nine	9	neun
four	4	vier	ten	10	zehn
five	5	fünf	eleven	11	elf
six	6	sechs	twelve	12	zwölf

A

alt	old
anziehen	put on
Apfel	apple
April	April
Arm	arm
auf, an	on
Auge	eye
August	August
ausziehen	take off
Auto	car

B

Ball	ball
Banane	banana
Bär	bear
Baum	tree
Bein	leg
Berg	mountain
Beruf	job
Bett	bed
bezahlen	pay
Bild	picture
(ich) bin	(I) am
bitte	please
blau	blue
Bleistift	pencil
Blume	flower
Bruder	brother
Buch	book
Buchstabe	letter
Bus	bus
Butter	butter

C

Computer	computer

D

danke	thank you
deutsch	German
Dezember	December
Dienstag	Tuesday
Donnerstag	Thursday

E

Ei	egg
englisch	English

Entschul-digung!	sorry!
essen	eat

F

Familie	family
Farbe	colour
Februar	February
Federmappe	pencil case
Fenster	window
Ferien	holidays
Finger	finger
Fisch	fish
Flasche	bottle
fliegen	fly
Flugzeug	plane
Fluss	river
Freitag	Friday
Freund	friend
Frühling	spring
Frühstück	breakfast
Fuß	foot
Fußball	football

G

Garten	garden
Geburtstag	birthday
gehen	go
gelb	yellow
Geld	money
Geschichte	story
Glas	a glass of
glücklich	happy
Gras	grass
groß	big, tall
grün	green
gut	good

H

Haar	hair
haben	have
Hand	hand
Haus	house
Hausauf-gaben	homework
Haustier	pet
heiß	hot
helfen	help
Herbst	autumn

herunter, hinunter	down
hinter	behind
hoch, oben	up
Hügel	hill
Hund	dog

I

in, im	in
(er) ist	(he) is

J

Januar	January
Jeans	jeans
Juli	July
Junge	boy
Juni	June

K

kalt	cold
Katze	cat
kaufen	buy
Kiste,	

Schachtel	box
klein	little, small
klettern	climb
können	can
Kopf	head
Körper	body
krank	sick
Kuh	cow

L

Laden	shop
leben	live
Lehrer	teacher
lernen	learn
lesen	read
Lied	song
links	left
Löwe	lion

M

Mädchen	girl
Mai	May
Markt	market
März	March
Maus	mouse

Meer	sea
Messer	knife
Milch	milk
Mittagessen	lunch
Mittwoch	Wednesday
mögen	like
Mond	moon
Montag	monday
Morgen	morning
Mountainbike	mountain bike
müde	tired
Mund	mouth
Mutter	mother
Mütze, Kappe	cap

N

Nachmittag	afternoon
Nacht	night
Name	name
Nase	nose
neblig	foggy
nehmen	take
nicht können	can't
November	November

O

Obst	fruit
Ohr	ear
Oktober	October
Orange	orange
Ostern	Easter

P

Park	park
Pullover	pullover

R

rechts	right
regnerisch	rainy
Rock	skirt
rot	red
rufen	call

S

Samstag	Saturday
Sandwich	sandwich

Schiff	ship
Schinken	ham
schlecht	bad
schreiben	write
Schuhe	shoes
Schule	school
Schüler/in	pupil
Schultasche	schoolbag
schwarz	black
Schwein	pig
Schwester	sister
schwimmen	swim
See	lake
sein	be
September	September
(sie) sind	(they) are
singen	sing
Socken	socks
Sommer	summer
Sonne	sun
sonnig	sunny
Sonntag	Sunday
Speiseeis	ice cream
Spiel	game
spielen	play
Spieler	player
Spielzeug	toy
Stern	star
Stift	pen
Strand	beach
Stuhl	chair

T

Tag	day
Tasse	a cup of
Tee	tea
Teller	plate
Tier	animal
Tisch	table
traurig	sad
trinken	drink
Getränk	drink
T-Shirt	T-shirt
tun	do
Tür	door

U

übel	sick
unglücklich	unhappy
unter	under
Unterrichtsstunde	class, lesson

V

Vater	father
verschneit	snowy
Vogel	bird

W

warm	warm
Wasser	water
Weihnachten	Christmas
windig	wincy
Winter	winter
wissen, kennen	know
wolkig	cloudy
Wort	word

Z

Zahlen	numbers
zeichnen	draw
Zimmer	room
Zug	train
Zuhause	home

So kannst du auf Englisch …

… jemanden begrüßen:

Good morning!	Guten Morgen!
Good afternoon!	Guten Tag!
Good evening!	Guten Abend!
Good night!	Gute Nacht!
Hello!	Hallo!
How are you?	Wie geht's?

… dich vorstellen:

My name is …	Mein Name ist …
I'm … years old.	Ich bin … Jahre alt.
I'm from ….	Ich komme aus …

… dich verabschieden:

I have to go now.	Ich muss jetzt gehen.
Bye-bye! / Goodbye!	Tschüss! / Auf Wiedersehen!
See you tomorrow!	Bis morgen!
Have a nice weekend!	Schönes Wochenende!
All the best!	Alles Gute!

… sagen, wie es dir geht und wie du dich fühlst:

I'm fine, thanks.	Mir gehts gut, danke!
I'm happy/sad/tired	Ich bin glücklich/traurig/müde
My stomach hurts.	Ich habe Bauchschmerzen.
I'm hungry.	Ich habe Hunger.
I'm thirsty.	Ich habe Durst.

… sagen, was du magst oder nicht magst:

I like …	Ich mag …
I don't like …	Ich mag … nicht.
I hate …	Ich hasse …
My favourite food is …	Mein Lieblingsessen ist …
My favourite drink is …	Mein Lieblingsgetränk ist …
Do you like …?	Magst du …?

… dich bedanken:

Thank you./Thanks.	Danke.

(*Antwort:* You're welcome. Bitteschön./Gern geschehen.)

… um Entschuldigung bitten:

Sorry.	Entschuldigung.
I'm sorry.	Das tut mir leid.

… nach der Zeit oder dem Wochentag fragen:

What time is it, please?	Wie spät ist es, bitte?
What day is it today?	Welchen Wochentag haben wir heute?

… um etwas bitten oder jemanden auffordern, etwas zu tun:

please	bitte
Can I have a …, please?	Kann ich bitte ein/e/n … haben?
Can I borrow your …	Kann ich bitte dein/e/n … borgen?
Please, give me your …	Bitte gib mir dein/e/n …
Look at …	Schau/Schaut mal … an!
I would like a …, please.	Ich hätte gern ein/e/n …, bitte.

… etwas über Familie und Freunde erzählen und erfragen:

I've got two sisters / brothers.	Ich habe zwei Schwestern/ Brüder.
What about you?	Und du?
How many brothers and sisters have you got?	Wie viele Geschwister hast du?
Who's this?	Wer ist das?
What's his/her name?	Wie heißt er/sie?
How old are you?	Wie alt bist du?
How old is he/she ?	Wie alt ist er/sie?
This is my …	Dies ist mein …

… von deinem Tag erzählen:

I get up at … o'clock.	Ich stehe um … Uhr auf.
I go to school at … o'clock.	Ich gehe um … Uhr zur Schule.
In the afternoon, I do my homework.	Nachmittags mache ich Hausaufgaben.

… deine Gefühle ausdrücken:

Great!	Großartig!
Wow!	*(Ausruf der Bewunderung oder des Erstaunens)*
That's fun!	Das macht Spaß!
Oh dear!	Oh je!
I'm really annoyed!	Ich bin wütend/genervt!

… nach dem Preis einer Sache fragen:

How much is/are …?	Was kostet/kosten … ?

… über Hobbys sprechen:

I play …	Ich spiele …
I can …/can´t …	Ich kann …/ Ich kann nicht …
Can you …?	Kannst du …?
What's your hobby?	Was ist dein Hobby?
I like … best.	Ich mag … am liebsten.
He´s a … player.	Er ist …-Spieler.

… über Feiertage sprechen und Menschen beglückwünschen:

Happy birthday!	Herzlichen Glückwunsch zum Geburtstag!
When is your birthday?	Wann hast du Geburtstag?
My birthday is in …	Ich habe im … Geburtstag.
Merry Christmas!	Frohe Weihnachten!
Happy Valentine!	Frohen Valentinstag!
Happy Easter!	Frohe Ostern!
Happy New Year!	Alles Gute zum neuen Jahr!

Fotonachweis

S. 6: Apfel © Fotolia LLC (Adrian Fortune), New York; Ameise (auch S. 132) © shutterstock (Karel Broz), New York, NY; Ball (auch S. 26/27) © MEV, Augsburg; Computer (auch S. 34/35 und S.146) © iStockphoto (RF),Calgary, Alberta; Cent © iStockphoto (Dirk Freder), Calgary, Alberta; Dose (auch S. 189) © iStockphoto (pederk), Calgary, Alberta; Ente (auch S. 24/25) © iStockphoto (RF), Calgary, Alberta; Esel (auch S. 158) © iStockphoto (Eric Isselée), Calgary, Alberta; Fahrrad (auch S. 34/35 und S. 159) © Puky GmbH & Co. KG, Wülfrath; Gabel (auch S.30/ 31) © Fotolia LLC (Martin Simonet), New York; Hose (auch S. 28/29) © Fotolia LLC (Alx), New York; Igel (auch S. 180) © shutterstock (ANP), New York, NY; Inliner (auch S. 181) © MEV, Augsburg; Jacke (auch S. 28/29) © Klett-Archiv, Stuttgart; Kuh (auch S. 24/25) © iStockphoto (RF), Calgary, Alberta; Löffel (auch S. 31) © Fotolia LLC (Marko Vesel), New York; Maus (auch S. 24/25) © Picture-Alliance (Mark Bowler), Frankfurt; Nashorn (auch S. 204) © shutterstock (Xavier MARCHANT), New York, NY; Ordner © Fotolia LLC (freshpix), New York; Ofen (auch S. 206) © pixelio media gmbh, München; S. 7 : Pinsel (auch S. 34/35) © iStockphoto (RF), Calgary, Alberta; Qualle (auch S. 212) © iStockphoto (Norbert Rehm), Calgary, Alberta; Roller (auch S. 34/35) © Fotolia LLC (Gilles Cohen), New York; Socken (auch S. 28/29) © Fotolia LLC (broker), New York; Tasse (auch S. 30/31) © Fotolia LLC (Nadejda Degtyareva), New York; Unterhose © iStockphoto (Clayton Hansen), Calgary, Alberta; Uhr (auch S. 18/19) © iStockphoto (RF), Calgary, Alberta; Vase © iStockphoto (Jakob Dam Knudsen), Calgary, Alberta; Vogel (auch S. 251) © Fotolia LLC (Brenda A. Smith), New York; Wippe (auch S. 27) © iStockphoto (RF), Calgary, Alberta; Xylofon (auch S. 259) © iStockphoto (Tamara Murray), Calgary, Alberta; Yak (auch S. 259) © iStockphoto (Vera Bogaerts), Calgary, Alberta; Zebra (auch S. 260) © iStockphoto (DaddyBit), Calgary, Alberta; S. 18/19: Lehrerin, Buch © Klett-Archiv,Stuttgart; Kreide © Fotolia LLC (Martin Garnham), New York; Schwamm © shutterstock (Teo Boon Keng Alvin), New York, NY; Buntstift © MEV, Augsburg; Tisch, Stuhl: Mit freundlicher Genehmigung der Firma .KOLICKY. www.schul-mobel.de; Tafel © Fotolia LLC (Howard Sandler), New York; S. 20/21: Familienfotos © Klett-Archiv/Andreas Klingebiel, Naumburg; S. 22/23: Ampel und Auto © iStockphoto (RF), Calgary, Alberta; Bus © Picture-Alliance (Patrick Lux), Frankfurt; Haus © Deepol, Wiesbaden; Kirche © Bilderberg (Ulf Boettcher), Hamburg; Kinoschild © Fotex (mm-images), Hamburg; Park © shutterstock (Elnur), New York, NY; Postschild © Siegfried Kuttig, Lüneburg; Straße © Klett-Archiv, Stuttgart; S. 24/25 Biene, Hund, Pferd © Stockphoto (RF), Calgary, Alberta; Huhn © Fotolia LLC (Guy Sagi), New York; Katze © Fotolia LLC (Holz Marketing), New York; Schwein (auch S. 226) © Fotolia LLC (Eric Isselée), New York; S. 26/27 Bank, Gras, Sand, Springseil © iStockphoto (RF), Calgary, Alberta; Eimer © shutterstock (Ugorenkov Aleksandr), New York, NY; Puppe © Fotolia LLC (Marti Timple), New York; Schaufel © Fotolia LLC (PASQ), New York; S. 28/29 Anorak, Hemd, Kleid © Klett-Archiv, Stuttgart; Mantel © Jahreszeiten Verlag (Boris Kumicak), Hamburg; Pulli © shutterstock (Beth Van Trees), New York, NY; Schal © shutterstock (Tyler Boyes), New York, NY; Brot © MEV, Augsburg; Käse © Fotolia LLC (Valentin Mosichev), New York; Messer © iStockphoto (Mathieu Viennet), Calgary, Alberta Spagetti © Fotolia LLC (Yong Hian Lim), New York; Teller © Ingram Publishing, Tattenhall Chester; Wurst © Fotolia LLC (Farmer), New York; S. 32/33 Bett © pixelio media gmbh, München; Arm, Bein, Kopf © Klett-Archiv, Stuttgart; Krankenhausschild © ullstein bild (Piel), Berlin; Arzt © Widmann, Peter (P. Widmann), Tutzing; Schere © iStockphoto (RF), Calgary, Alberta; Spritze © Ingram Publishing, Tattenhall Chester, Verband © Fotolia LLC (photosbystp), New York; Kinderzeichnung © Fotolia LLC (Noel Powell), New York; S. 34/35 Hamster, Pony © iStockphoto (RF), Calgary, Alberta; Kopfhörer © Fotolia LLC (Ryan Pike), New York; Rutsche © Fotolia LLC (photoGrapHie), New York; S. 36/37 Osterglocken © Fotolia LLC (Josef Muellek), New York; Baum © Fotolia LLC (Elena Elisseeva), New York; Blätter © MEV, Augsburg; Regentropfen © Fotolia LLC (Dan Collier), New York; Schlitten © Stockphoto (RF), Calgary, Alberta; Schneeflocke © Corbis (masterfile/Davey), Düsseldorf; Sonne © Fotolia LLC (lulu), New York; Wolke, Wind © Fotolia LLC (Peter Zwosch), New York; S. 132: Ananas © iStockphoto (Peter Mlekuz), Calgary, Alberta; S. 133: Anker © shutterstock (Zavodskov Anatoliy Nikolaevich), New York, NY; Aquarium © Picture-Alliance (Bildagentur Huber/Giel), Frankfurt; S. 137: Bakterien © Okapia, Frankfurt;Barometer © MEV, Augsburg;S. 141: Bildschirm © Fotolia LLC (Sebastian Kaulitzki), New York; S. 144: Brennnessel © Okapia, Frankfurt; Brezel iStockphoto (Marc Dietrich); S. 145: Cello © shutterstock (Tan Wei Ming), New York, NY; S. 148: Denkmal © Fotolia LLC (mbfotos), New York; S. 150: Flugdrachen © Deuter, Wolfgang, Willich; S. 152: Eidechse © shutterstock (Mityukhin Oleg Petrovich), New York, NY; S. 154: Eishockeyspieler © iStockphoto (walik), Calgary, Alberta; S. 156: Erdnuss © shutterstock (Jovan Nikolic), New York, NY; S. 159: Euromünze © Europäische Zentralbank, Frankfurt; S. 161: Fernglas © iStockphoto (Jamaludin Abu Seman), Calgary, Alberta; Feuerwehr © Picture-Alliance (Jens Wolf), Frankfurt; S. 163: Fotoapparat © iStockphoto (majkel), Calgary, Alberta; S. 166: Gameboy © Klett-Archiv, Stuttgart; S. 167: Gehirn © iStockphoto (HooRoo Graphics), Calgary, Alberta; S. 171: Geweih © shutterstock (Jeff Banke), New York, NY; S. 172: Glocke © Fotolia LLC (Indigo Fish), New York; S. 174: Gummibärchen © Fotolia LLC (Togo), New York; S. 176: Handstand © shutterstock (Peter Hansen), New York, NY; S. 180: Hubschrauber © shutterstock (salamanderman), New York, NY; S. 184: Kaktus © shutterstock (Natthawat Wongrat), New York, NY; Karatekämpfer © iStockphoto (Jason Lugo), Calgary, Alberta; S. 186: Keyboard © MEV, Augsburg; S. 189: Kompass © shutterstock (Tischenko Irina), New York, NY; S. 190: Kralle © iStockphoto (Lori Skelton), Calgary, Alberta; S. 191: Krone © Fotosearch RF (PhotoDisc), Waukesha, WI; S. 192: Lakritzschnecke © Fotolia LLC (Gautier Willaume), New York; S. 195: Libelle © iStockphoto (Thomas Steinke), Calgary, Alberta; S. 196: Lutscher © pixelio media gmbh, München; S. 197: Mähdrescher © iStockphoto (Lloyd Paulson), Calgary, Alberta; S. 198: Marionette © Mauritius (Palmer), Mittenwald; S. 200: Mikroskop © shutterstock (Dragan Trifunovic), New York, NY; S. 202: Windmühle © iStockphoto (Jurga Rubinovaite), Calgary, Alberta; S. 207: Orgel © iStockphoto (Jarno Gonzalez Zarraonandia), Calgary, Alberta; S. 208: Muschel © shutterstock (Hannah Gleghorn), New York, NY; S. 209: Planet © iStockphoto (Kativ), Calgary, Alberta; S. 211: Overhead-Projektor © Avenue Images GmbH (getty/RF), Hamburg; Propeller © iStockphoto (Geoff Kuchera), Calgary, Alberta; S. 215: Reißverschluss © iStockphoto (Jerry McElroy), Calgary, Alberta; S. 217: Roboter © shutterstock (Morgan Lane Photography), New York, NY; S. 219: Säule © pixelio media gmbh, München; Scanner © Stockphoto (Slawomir Fajer), Calgary, Alberta; S. 221: Schimpanse © iStockphoto (Dimitri Fousekis), Calgary, Alberta; S. 224 : Schnorchel © shutterstock (Gert Johannes Jacobus Vrey), New York, NY; Schraube © iStockphoto (Diane Rutt), Calgary, Alberta; S. 229: Skateboard © iStockphoto (John Tomaselli), Calgary, Alberta; S. 231: Spinne © iStockphoto (arlindo71), Calgary, Alberta; S. 233: Stelzen © iStockphoto (Clayton Hansen), Calgary, Alberta; S. 234:Stoppuhr © iStockphoto (Matjaz Boncina), Calgary, Alberta; S. 235: Streichhölzer © iStockphoto (Luis Carlos Torres), Calgary, Alberta; S. 237:Tachometer © iStockphoto (Kokleong Tan), Calgary, Alberta; Tastatur © MEV, Augsburg; S. 239:Thermometer © iStockphoto (Nick Schlax), Calgary, Alberta; S. 240: Trampolin © Jahreszeiten Verlag, Hamburg; S. 243: U-Boot © Fotolia LLC (Frank Schöttke), New York; S. 245: Vanille © Fotolia LLC (Lucky Dragon), New York; Ventilator © iStockphoto (Greg Nicholas), Calgary, Alberta; S. 252: Wabe © iStockphoto (tokledesign), Calgary, Alberta; S. 254: Waschbär © Fotosearch RF (Digital Vision), Waukesha, WI; S. 256: Wiesel © iStockphoto (Lisa Vanovitch), Calgary, Alberta; S. 257: Wirbelsäule © shutterstock, New York, NY; S. 260: Zahnspange © Fotolia LLC, New York; S. 261: Zepter © ullstein bild, Berlin; Zirkel © iStockphoto, Calgary, Alberta;

Literaturempfehlung zu den Seiten 298-311:
Seidel, Wolfgang: Woher kommt das schwarze Schaf? Was hinter unseren Wörtern steckt. München: Deutscher Taschenbuchverlag 2006.